Une contre-histoire de la littérature

LE RÉEL N'A PAS EU LIEU

Le principe de Don Quichotte

Michel Onfray

Collection **Universités populaires & C**ie
Sous la direction de Michel Onfray
Éditions **Autrement**

« "Voilà ce que j'ai fait", dit ma mémoire.
"Je n'ai pu faire cela", – dit mon orgueil, qui reste inflexible.
Et finalement c'est la mémoire qui cède. »

Nietzsche, *Par-delà le bien et le mal* (IV, 68).

« Les convictions sont des ennemies de la vérité
plus dangereuses que le mensonge. »

Nietzsche, *Humain, trop humain.*

L'idée du réel est plus vraie que le réel

Don Quichotte entretient une relation étrange avec le donquichottisme. De l'un à l'autre s'opère effectivement une étrange alchimie qui transforme un personnage paranoïaque, de mauvaise foi, monomaniaque, agressif, lunaire, dénégateur, en héros positif, en chevalier valeureux qui combat les moulins à vent, autrement dit, en héros qui, contre vents et marées, aux antipodes de l'opportunisme et du cynisme, tient le cap de l'idéal dans un monde où les prospérités du vice et les malheurs de la vertu invitent aux reniements, aux petits arrangements avec la morale, aux vies vendues. Le Don Quichotte du donquichottisme n'a pas grand-chose à voir avec le personnage de *L'Ingénieux Hidalgo Don Quichotte de la Manche* publié par Miguel de Cervantès au début du XVIIe siècle ! Dans cette distorsion gît le mécanisme de la construction d'une légende, d'un mythe.

Qui est Don Quichotte ? On le sait : le héros éponyme d'un roman de Cervantès paru en deux livraisons en 1605 et 1615. Chacun connaît un peu le chevalier à la Triste Figure : *au physique,* la cinquantaine, corps sec, visage maigre, robuste, dégingandé, long comme un personnage du Greco, il chemine avec son cheval, un mâle et non une jument, Rossinante, et son fidèle compagnon, Sancho Pança, un petit gros accompagné d'un âne qui n'a pas de nom – sinon « l'âne »... *Au moral* : un fou de romans de chevalerie qui croit moins à la réalité du monde qu'à la réalité du texte qui dit le monde – ce en quoi consiste sa folie...

Dans le roman de Cervantès, le couple Don Quichotte et Sancho Pança croise d'autres personnages qui, eux aussi, sont devenus des figures universelles : Dulcinée, un genre de Laure de Pétrarque ou de Béatrice de Dante, d'autant plus invisible dans la réalité qu'elle est une pure et simple créature de papier à laquelle le chevalier à la Triste Figure donne... belle figure ; Maritorne, une employée d'auberge asturienne, « grosse de traits, courte de cou, le nez écrasé, borgne d'un œil et guère mieux lotie de l'autre » (I. 144), petite, le dos voûté, courbée vers le sol, puant l'ail, pas très farouche, elle fait la joie des muletiers et, une nuit de malentendu, entrera en compétition avec Dulcinée du Toboso – mais Don Quichotte, chevalier chaste et preux, ne succombera pas à cette tentation ; ajoutons à ces deux figures Rossinante, le cheval mâle efflanqué de notre héros.

Alain Rey nous apprend dans son *Dictionnaire culturel en langue française* que Dulcinée devient

un substantif en 1718 (il ne dit pas où...) et que, de manière ironique, ce mot qualifie une « femme inspirant une passion romanesque ; fiancée, maîtresse » ; Maritorne subit le même traitement dès 1798 et qualifie une « femme laide, malpropre et désagréable » ; enfin, Rossinante devient en 1718 un « mauvais cheval, maigre et poussif »... Don Quichotte devenu nom commun signifie quant à lui : « Homme généreux et chimérique qui se pose en redresseur de torts, en défenseur des opprimés, sans obtenir de résultats concrets. »
Alain Rey ne retient pas *sanchopancisme*, que *Le Robert* définissait dans son édition de 1971 comme un mot ayant eu son heure de gloire pendant la guerre de 1914-1918 et qui caractérisait une « naïveté docile et aveugle de valets. Attitude des Espagnols germanophiles » – une création verbale qui ne rend pas grâce à Sancho Pança, naïf, sûrement, ingénu, bien sûr, sensible aux flatteries et aux promesses, évidemment, mais fidèle et loyal, vertueux et modeste, astucieux et bon, ennemi de toute violence et désireux de paix, empirique et plein de bon sens – ce que montrera son temps de gouverneur d'un État virtuel, l'île de Barataria... On le dit couard, il est prudent ; on le dit borné, il est réaliste ; on le dit lâche, il est précautionneux ; on le dit limité, il est avisé. En bon produit du peuple, Sancho Pança est à Don Quichotte ce que la servante Thrace est à Thalès, un homme qui, tout philosophe qu'il est, perdu dans ses

divagations, égaré dans le ciel des idées, ne voit pas le trou sous ses pieds dans lequel il tombe... Don Quichotte est donc plus que lui : il déborde sa définition physique et morale pour acquérir un sens légendaire, à la fois mythologique, philosophique, emblématique. Il est devenu un caractère, un type humain universel. Dans le roman, il côtoie Sancho Pança, Rossinante, Maritorne et Dulcinée, mais dans la vie, cet homme tout à son idéal croise un être tout à sa fidélité, une monture toute à sa tâche, une femme toute à sa laideur, une femme toute à son inaccessibilité... Il donne donc naissance au *donquichottisme*, voire au *quichottisme*, qui caractérise une « disposition à faire le Don Quichotte », autrement dit, rappelons-le, à manifester de la générosité, à prouver sa propension aux chimères, à défendre la veuve et l'orphelin et, surtout, à échouer dans tout ce qu'il entreprend.

Pourquoi faut-il que, dans cette définition, ce qui, pour moi, constitue l'épicentre du quichottisme soit absent ? À savoir ce tropisme qui consiste à avouer que *le réel n'a pas eu lieu*, mais qu'à sa place il n'y a qu'enchantement. Autrement dit : cette passion furieuse pour les idées au détriment de la réalité, cette religion de l'idéal sans souci du réel, ce goût des livres dont on pense qu'ils sont plus vrais que le monde qu'ils sont censés dire. Don Quichotte s'avère un platonicien emblématique pour lequel l'idée qui dit le monde est plus vraie que le monde dit par cette idée. Si le chevalier errant voit des géants, Sancho Pança pourra bien lui dire qu'il s'agit de moulins, Don Quichotte persistera à dire que sa *vision* est plus juste que ce qui se voit. La folie du héros de Cervantès s'origine donc dans cette façon de penser, voir, faire et dire : croire plus vraie son idée que ce que le réel montre – une maladie qui afflige bien souvent le penseur occidental qui descend du lignage inauguré par Thalès…

Vérité du menteur qui dit la vérité

L'Ingénieux Hidalgo Don Quichotte de la Manche passe pour un chef-d'œuvre. Qu'est-ce qu'un chef-d'œuvre ? Un livre que tout le monde connaît, dont beaucoup parlent et que peu ont vraiment lu... Par un étrange effet de rétroaction, ce qui se dit du livre qu'on n'a pas lu produit des effets sur la lecture qu'on effectue : on aborde cet ouvrage avec ce qui a été dit de lui. Dès lors, on ne voit que ce que l'on veut voir et, comme Don Quichotte qui interpose les livres entre lui et le monde, le lecteur lit ce qu'il s'attend à trouver et passe à côté de ce qui est habituellement tu.

On dit par exemple assez peu qu'il y a un paradoxe dans le fait que ce livre n'a pas été écrit pour être lu, mais pour être dit : de la même manière que Montaigne n'écrit pas les *Essais*, mais les dicte, ce qui induit une autre économie du livre, Cervantès écrit les aventures de Don Quichotte pour qu'elles soient lues à des gens qui n'ont aucun rapport direct au livre. C'est un livre destiné aux gens qui ne lisent pas. L'essentiel du livre est constitué de dialogues : ce sont donc des mots échangés qui sont écrits pour être lus à haute voix, à un public rassemblé à cet effet.

L'économie du livre en brefs chapitres construits comme autant de nouvelles, avec une chute et une annonce de ce qui se précisera dans le chapitre suivant, se comprend mieux quand on a saisi qu'il s'agit d'une épopée fragmentée pour la lecture. Lire l'ouvrage comme on le fait aujourd'hui, en lecture solitaire et silencieuse, pour une aventure égotiste entre l'auteur et soi, peut saturer. Le caractère de fête populaire des mots dits d'une aventure disparaît dans la cérémonie de lecture silencieuse de mots écrits.

Cervantès raconte ceci : « Dans le temps de la moisson, quantité de moissonneurs viennent se réunir ici les jours de fête, et, parmi eux, il s'en trouve toujours quelqu'un qui sait lire, et celui-là prend un de ces livres à la main, et nous nous mettons plus de trente autour de lui, et nous restons à l'écouter avec tant de plaisir, qu'il nous ôte plus de mille cheveux blancs » (I.XXXII). C'est dans cette configuration qu'il faut penser *Don Quichotte* : comme un livre à raconter et que seul devrait lire celui qui le lit à voix haute, à destination de ceux qui ne savent pas lire.

Cervantès joue de ce livre à lire pour en faire un ouvrage écrit par un autre que lui : Sidi Ahmed Benengeli. Le narrateur de *L'Ingénieux Hidalgo* raconte qu'il a découvert un jour, dans une rue de Tolède, un garçon qui vendait des cahiers à un marchand de soie. Il se fait traduire quelques lignes par un morisque qui passe par là et découvre qu'il s'agit du *Don Quichotte*... Il achète l'ensemble du livre, se rend dans le cloître de la cathédrale, invite le morisque à poursuivre sa traduction. Il convie le traducteur chez lui et, en six semaines, l'ouvrage se trouve traduit dans sa totalité. Le narrateur dit que les Arabes sont ses ennemis – « tous les gens de cette race sont naturellement menteurs » (I.98) –, comme Sancho Pança dira qu'il n'aime pas les juifs – « ma haine des juifs dont je suis l'ennemi mortel » (II.62).

Dans le déroulement du livre, Cervantès réactive régulièrement Sidi Ahmed Benengeli pour jouer avec cette mise en abyme qui permet à Cervantès qui raconte de dire qu'il raconte ce qui a été raconté... L'auteur s'affirme d'autant plus qu'il s'efface, il n'est jamais autant présent que là où il met en scène un autre que lui-même, arabe, alors qu'il est chrétien. Le texte semble dès lors moins un produit daté identifiable à Cervantès qu'un texte dont l'origine se perd dans les nuées et qui est passé de l'oral à l'écrit *via* le filtre de traductions de l'arabe au castillan. On songe à la construction romanesque des *Mille et Une Nuits* pour tenir en haleine celui à qui l'on raconte les aventures sans fin du héros de la fiction.

Cervantès fait tenir ce discours au bachelier Samson Carrasco : « Longue vie à Sidi Ahmed Benengeli, qui a écrit l'histoire de vos hauts faits, et plus longue encore à celui qui s'est soucié de les traduire de l'arabe dans notre langue pour l'universel divertissement des peuples ! » (II.30). À quoi Don Quichotte répond : « C'est donc vrai que mon histoire existe, et que l'auteur est un Maure et un savant homme ? » Et le bachelier de rapporter que ce livre est diffusé partout en Espagne, traduit en dehors du pays, vendu à de nombreux exemplaires et probablement bientôt sur la totalité de la planète ! Réponse de Don Quichotte : « Rien ne peut réjouir davantage un homme éminent et vertueux que de se voir célébré et imprimé de son vivant. » Un personnage du roman dit donc du bien de son auteur : la créature célèbre son créateur, la fiction met en scène une fiction qui, ainsi doublée, semble une vérité.

Sidi Ahmed Benengeli intervient même pour juger de la validité du texte : il s'étonne par exemple de la narration faite par Don Quichotte d'un fameux voyage à l'intérieur d'une grotte. Cervantès met donc en scène une figure qu'il invente et juge ce qu'il écrit : « Le traducteur de cette grande histoire dit que, parvenu au chapitre qui suit l'aventure de la grotte de Montesinos, il trouva en marge de l'original les réflexions suivantes, écrites de la propre main de l'auteur, Sidi Ahmed Benengeli : "Je n'arrive pas à croire, non, je ne peux me persuader qu'il soit réellement arrivé au vaillant Don Quichotte ce que rapporte le précédent chapitre." » (II.178). Puis il disserte sur ce qui sépare et distingue le possible du vraisemblable, l'invention du mensonge, il interroge le statut de véracité de la vérité écornée, enfin il suspend son jugement, conclut qu'il ne peut conclure sur ce sujet et affirme en connaisseur de la fin d'un roman qui n'est pas encore écrit « qu'au moment de passer de vie à trépas, Don Quichotte se serait rétracté et aurait reconnu l'avoir inventée, car elle lui semblait s'accorder à merveille avec celles qu'il avait lues dans ses romans » (II.178).

Cervantès met donc en abyme l'auteur moresque parlant du héros du roman et jugeant de l'auteur de la fiction : on imagine que pareil dédale créé à dessein permet à l'écrivain espagnol de dire ce qu'il entend bien dire tout en brouillant les pistes des censeurs ou de l'Église : il peut toujours prêter à un personnage du roman, au héros de celui-ci, au traducteur hypothétique de cette histoire, voire à son auteur qui n'est pas confondu avec le véritable Cervantès, tel ou tel propos. Montrer le ridicule d'un chevalier décidé à vivre selon les préceptes chrétiens de la chevalerie devient une charge sans auteur identifiable à cause de trop d'auteurs virtuels…

Au début d'un chapitre (II.XXVII), Cervantès écrit ceci : « Sidi Ahmed, le chroniqueur de cette belle histoire, commence le chapitre qui va suivre par ces mots : "Je jure comme chrétien catholique…". Son traducteur fait aussitôt observer que pareil serment dans la bouche d'un Maure – et Sidi

Ahmed était maure, aucun doute là-dessus – n'a d'autre sens que celui-ci : de même que le chrétien catholique, quand il jure, dit ou doit dire la vérité, de même notre auteur jure qu'il va la dire – comme le ferait un chrétien catholique » (II.201). Rappelons ce propos mis dans la bouche du narrateur : « Certains se permettront d'objecter que son auteur étant arabe, celle que je vais rapporter ne peut être exacte, car tous les gens de cette race sont naturellement menteurs » (I.98). Qui traite les Arabes de menteurs ? Le narrateur ? Cervantès ? Une fiction mise en scène par... le narrateur – ou par Cervantès ? Est-ce un propos prêté à tel ou tel lecteur ? Quoi qu'il en soit, Cervantès joue sur du velours : aucun propos ne saurait lui être attribué en propre. Il a toujours le recours de la fiction, du roman, de l'aventure, de l'imagination pour rétorquer que lui ne dit rien, mais qu'un personnage le dit – et qu'il ne saurait être le personnage incriminé... Ce dispositif est extraordinaire pour organiser l'extraterritorialité du message : il vient de nulle part, de nul endroit assignable, mais de partout dans le roman.

Le coup de génie consiste à prétendre d'une figure de fiction qu'elle ment, ce qui augmente le désordre dans le labyrinthe. *Quid* de la vérité quand il s'avère impossible d'identifier qui parle : Cervantès, le narrateur, l'auteur, le traducteur, Don Quichotte, toutes figures animées par Miguel de Cervantès ? Car si l'un d'entre eux ment, c'est encore plus difficile de cartographier le roman, d'identifier des sources à ces ruisseaux, ces rivières ou ces fleuves qui traversent le roman. Et qui sait si le menteur est bien celui dont l'un a dit qu'il l'était, qui plus est quand cet *un*, c'est l'auteur de tout – le démiurge du roman…

Lorsque Don Quichotte meurt et quitte la scène romanesque, Sidi Ahmed Benengeli apparaît encore. La fin n'est pas la mort du héros, mais ce que le traducteur en fait : il a accroché sa plume au mur, comme d'autres raccrochent les gants de boxe ; il prévoit qu'elle y restera des siècles, si du moins personne ne décide de la profaner. Faisant parler cette plume il lui fait dire : « Oui, Don Quichotte est né pour moi seule, et moi pour lui : il a agi, et moi j'ai écrit. Nous sommes faits l'un pour l'autre, quoi qu'en dise et en pense ce prétendu écrivain tordesillesque, qui s'est permis – ou se permettra encore – d'écrire, avec une plume d'autruche mal affiliée et grossière, les exploits de mon valeureux chevalier ; il a les épaules bien trop frêles pour pareil fardeau, et l'esprit trop fade pour pareil sujet » (II.537).

Et Sidi Ahmed Benengeli d'inviter la plume à faire savoir, si elle rencontre le *prétendu écrivain*, qu'il n'aille pas ressusciter Don Quichotte pour de nouvelles aventures. Ironique, Cervantès fait dire à Sidi : « Ainsi, ma plume, tu auras rempli ton devoir de chrétienne, en donnant de bons conseils à qui te veut du mal » (II.537). Que faut-il retenir de cette critique des vertus chrétiennes ? Que la critique est fiction ? Que les vertus sont fiction ? Que la critique des vertus est fiction ? Qui saura ? Le maître de la fiction n'est pas le romancier, mais la fiction elle-même qu'il aura créée.

Un livre abolit tous les livres et devient le livre

C'est dans ce livre où la mise en abyme ne connaît pas de fin qu'il sera question des livres. *Don Quichotte* est un livre contre les livres – mais reste un livre… Sur le principe du paradoxe du menteur, qu'est-ce qu'un livre qui critique les livres, sinon un livre qui se propose de se substituer à tous les autres ? Et qu'est-ce que ce genre d'ouvrage ? Le livre des religions qui prétendent tenir le monde et l'au-delà du monde dans un volume relié qui devient vérité du monde. Rappelons qu'une fois traduite la Bible signifie « le Livre ».

Cervantès va donc mettre en cause un certain type de livres, le roman de chevalerie, dans un livre, de la même manière que… Descartes, qui critique les livres de la scolastique pour leur préférer le sien, le *Discours de la méthode*, un texte qui invite à faire fi des livres d'avant dans un livre actuel destiné à devenir livre d'avenir. En critiquant les romans de chevalerie, autrement dit les livres d'avant, *Don Quichotte* devient au présent un livre qui prend date pour l'avenir : il annonce passé le temps de la vérité contenue dans les livres au profit d'une vérité à venir de la vie vécue sans livres – ce que dit son livre qui, de ce fait, reste le livre. Reste et *devient* le livre…

Don Quichotte souffre donc d'une folie singulière qui consiste à croire vrai tout ce que disent les romans de chevalerie. L'éthique chevaleresque comporte un certain nombre de valeurs, le héros de Cervantès les fait siennes : défendre la veuve et l'orphelin, prendre le parti des humiliés et des offensés, venir en aide aux malheureux, pratiquer la charité, réparer toutes les injustices, lutter contre les vices et activer les valeurs chrétiennes. Devant les moulins qu'il prend pour des géants, Don Quichotte dit à Sancho Pança : « Nous devons, en tuant les géants, mettre à mort l'orgueil ; tuer l'envie par notre générosité et notre grand cœur, et la colère en gardant notre sang-froid et notre tranquillité d'esprit ; la gourmandise et le sommeil par des repas frugaux et de longues veilles ; la luxure et la lascivité, en demeurant fidèles à celles que nous avons consacrées dames de nos pensées ; la paresse, en parcourant le monde et en saisissant toutes les occasions qui feront de nous, outre de bons chrétiens, des chevaliers errants accomplis » (I.64). Le chevalier tourne donc le dos aux vices de tous les temps (orgueil, envie, colère, gourmandise, luxure, lascivité, paresse) et cherche à incarner les vertus chrétiennes (générosité, grand cœur, sang-froid, tranquillité d'esprit, frugalité, ascèse, fidélité, courage).

De quoi Cervantès se moque-t-il quand il raille les romans de chevalerie ? Des livres ou des vertus censément incarnées par les hommes qui s'en réclament ?

Du christianisme qui les porte ? Quoi qu'il en soit, Cervantès pratique assez l'humour, l'ironie, la drôlerie, le sarcasme, il maîtrise suffisamment la mise en abyme, il joue avec assez de brio de la multiplicité des discours que permet la fiction (défense d'une thèse dans la bouche de l'un, critique de celle-ci dans celle de l'autre) pour avancer masqué – comme Descartes dont c'était la devise, « *Larvatus prodeo* ».

On ne s'étonnera donc pas qu'en 1982 Joseph Ratzinger, devenu le pape Benoît XVI, écrive dans *Les Principes de la théologie catholique* : « Quelle noble folie est-ce donc que celle que Don Quichotte s'est choisie comme vocation : "être chaste en ses pensées, honnête en ses paroles, vrai dans ses actions, patient dans l'adversité, miséricordieux à l'égard de ceux qui sont dans la nécessité, et enfin, combattant de la vérité, même si sa défense devait coûter la vie". Les traits de folie sont devenus un jeu qui mérite d'être aimé car on perçoit, par-delà, un cœur pur. L'assurance orgueilleuse avec laquelle Cervantès avait brûlé les ponts derrière lui et s'était moqué du vieux temps est devenue maintenant mélancolie sur ce qui était désormais perdu. Ceci n'est pas un retour au monde des romans de chevalerie, mais un éveil à ce qui doit absolument demeurer, et la prise de conscience du danger qui menace l'homme quand, dans l'incendie qui détruit le passé, il perd la totalité de lui-même. » La folie de Don Quichotte est donc sagesse chrétienne dans un monde qui ne croit plus.

Où l'on retrouve Érasme, un maître de Cervantès, pour lequel l'*Éloge de la folie* doit s'entendre au second degré comme une célébration de ce qui passe pour de la folie aux yeux des fous, mais qui est véritablement sagesse aux yeux des sages. Benoît XVI aime Don Quichotte parce qu'il porte les valeurs chrétiennes dans un monde qui avance à grand pas vers l'effacement du judéo-christianisme dans l'histoire. Toutes les civilisations sont mortelles, pourquoi la civilisation issue du paulinisme y échapperait-elle ? Formé à l'école herméneutique allemande, ce pape, plus qu'un autre, le sait. Son rôle consiste à résister à cette mort programmée. Mais Cervantès ? Cervantès se moque de ce qui réjouit le pape... *L'Ingénieux Hidalgo Don Quichotte de la Manche* montre un échec que le pape prend pour un succès, mais que l'auteur du roman célèbre comme une pantalonnade. Car le propre de Don Quichotte, c'est que cet homme qui combat contre l'orgueil n'aspire qu'à une renommée planétaire. Il avoue clairement à Sancho Pança ce à quoi il aspire : « Accomplir un exploit qui me vaudra une renommée éternelle sur toute la surface de la terre, et fera de moi l'exemple le plus parfait et illustre du chevalier errant » (I.235). Cet homme qui combat l'envie est mû par l'envie « de devenir célèbre et reconnu sur toute la surface de la terre » (I.391). Cet homme qui lutte contre la colère n'arrête pas de charger avec sa vieille rosse, de vouloir transpercer ses ennemis avec sa lance, de leur fendre la tête avec son épée, de frapper, de fomenter des attaques. Cet homme qui lutte pour le courage, quand il doit en montrer pour défendre Sancho lapidé pour avoir défendu son maître, s'en trouve fort dépourvu : « Voyant qu'on faisait pleuvoir sur lui une nuée de pierres, et qu'un millier d'arbalètes et au moins autant d'arquebuses étaient pointées dans sa direction, il tourna bride et s'échappa à tout le galop que put prendre Rossinante » (II.206). Certes, il ne mange pas comme un gourmand, il refuse la chair parce qu'il attend Dulcinée, il ne paresse pas parce qu'il se met toujours en quête de nouvelles occasions d'exprimer son orgueil et sa colère, mais il y a loin de la coupe idéale du chevalier errant aux lèvres du chevalier à la Triste Figure...

Don Quichotte incarne une figure chrétienne, certes, et on comprend pourquoi Joseph Ratzinger peut l'aimer, il est l'un des siens, un chevalier de sa fiction, mais Don Quichotte est sans cesse moqué, ridiculisé en permanence, il échoue en tout, il rate ce qu'il entreprend, il se montre sous des atours risibles, son nom même est ridicule : *Quixote* nomme dans le harnais la pièce qui couvre l'arrière-train du cheval... Et Cervantès nous dit qu'on ne sait quel était véritablement son patronyme, « Quichada ou Quesada » (I.43), autrement dit... Mâchoire ou Fromage.

Les mille pages du roman le montrent sans cesse blessé, battu par des bergers, assommé et dévalisé par des galériens, tabassé par un muletier, abandonné à demi mort sur la route, fourbu, avec des dents cassées, des bleus partout, des ecchymoses, entravé dans des liens, emprisonné dans une cage par un curé et un barbier, abusé par « la belle Dorothée », ridiculisé par le Duc et la Duchesse, berné par un aubergiste, attaché par Maritorne à une lucarne, puis suspendu dans le vide par les poignets, piétiné par un troupeau de taureaux, vaincu en duel par le chevalier de la Blanche Lune, moqué même par des lions qui se contentent de bâiller en sa présence alors qu'il se proposait de les affronter – pareils traitements réservés à l'icône des vertus judéo-chrétiennes, voilà qui ressemble étrangement à une habile critique, parce que ironique, des vertus de l'Église catholique, apostolique et romaine ! Si Cervantès avait voulu montrer qu'on peut rire du passage à tabac des vertus chrétiennes, il ne s'y serait pas pris autrement ! Le bachelier dit à Don Quichotte en parlant des aventures romanesques de… Don Quichotte : « Parmi ceux qui ont lu l'histoire, il y en a qui auraient préféré que l'auteur ne fût pas aussi précis sur le nombre de coups de bâton administrés à diverses reprises au seigneur Don Quichotte. » À quoi Sancho répond : « C'est pourtant, c'est bel et bien la vérité. » Commentaire de Don Quichotte : « Ils auraient pu les passer sous silence, par simple souci d'équité » (II.31). Le bachelier conclut en disant que ce livre parle en historien, pas en poète… Est-ce le contraire qu'il faut comprendre ? Pourquoi pas. Fiction oblige…

L'autodafé de bons mauvais livres

Cervantès raconte un autodafé. Mais toujours en vertu du principe ironique qui conduit et guide son œuvre, il met en scène des inquisiteurs ayant lu les livres qu'ils brûlent et se montrent parfaitement au courant du contenu des ouvrages incriminés – les romans de chevalerie. Le curé, nul besoin d'épiloguer, c'est le représentant du clergé catholique ; le barbier, c'est celui qui rase les clients, mais aussi qui effectue les saignées, qui purge donc... Il s'agit alors de réactiver le vieux geste dont il est question dans les Actes des apôtres (19.19) : brûler les livres qu'on estime dangereux pour la fiction qu'on défend.

Le curé et le barbier obtiennent les clés de la bibliothèque et avisent une centaine de « livres coupables de tout le mal » (I.72). La gouvernante, armée d'un goupillon et d'eau bénite, sollicite le curé pour qu'il chasse « les enchanteurs dont on parle tant dans ces livres » (I.72) et dont elle craint le pouvoir... Première ironie : la dame déplore que Don Quichotte croie aux balivernes racontées dans ces livres, balivernes qui ont fait tant de mal, dit-elle, mais auxquelles elle croit elle

aussi, puisqu'elle craint l'enchantement de rétorsion de l'esprit dont on aurait souhaité se débarrasser ! Don Quichotte aurait donc tort de croire aux esprits – auxquels elle croit elle aussi.
Seconde ironie : le prêtre qui fustige ces romans… les a tous lus ! Lorsqu'un volume lui passe entre les mains avant de rejoindre le bûcher, il en connaît les personnages, les intrigues, le style, les auteurs ; il jette au feu un autre livre parce qu'il estime que rien ne trouve grâce à ses yeux de ce qui s'y trouve dit ; il en raconte les histoires, rapporte les aventures ; il sait qu'un roman en pille un autre, et dit lequel ; il distingue ce qui, dans telle ou telle partie, mérite d'être puni ou non…
Par exemple, quand l'*Histoire du fameux chevalier Tirant le Blanc* lui arrive entre les mains, il s'écrie : « Dieu tout-puissant ! Est-ce possible ? Donnez-moi ce livre maître Nicolas ; je le considère comme un trésor de bonne humeur et une mine de divertissements. On y trouve le valeureux chevalier Don Kyriéléison de Montauban, et son frère Thomas, ainsi que le chevalier Fonseca ; on y raconte la bataille que le courageux Tirant livre contre un dogue, les traits d'esprit de la demoiselle Plaisir-de-ma-vie, ainsi que les amours et les intrigues de la veuve Paisible, et la passion de l'impératrice pour Hippolyte, écuyer de Tirant. Croyez-moi, maître Nicolas, c'est le meilleur de tous les romans de chevalerie : on y voit des chevaliers qui mangent comme vous et moi, qui meurent dans leur lit et

qui, avant de mourir, font leur testament ; bref, toutes ces choses dont on ne parle jamais dans ces livres-là. Néanmoins, l'auteur aurait mérité d'être condamné à vie aux galères pour y avoir écrit bien des sottises qu'il aurait pu éviter. Emportez-le chez vous et lisez-le : vous verrez que tout ce que je vous ai dit est vrai » (I.76). Chacun appréciera le *néanmoins* qui sépare l'emballement du curé pour des livres qu'il connaît, aime, mais condamne et invite tout de même à brûler... Peut-on mieux stigmatiser l'hypocrisie du curé, donc du clergé ? On s'étonne que l'Index ait supprimé une phrase comme « les œuvres de charité qui s'accomplissent avec tiédeur et mollesse n'ont aucun mérite et ne valent rien » (Pléiade, 1573) et laisse passer la totalité d'un chapitre qui montre à l'envi la duplicité du curé, son double jeu, sa schizophrénie – donc, par extension, la dualité du clergé catholique.

À la furie exterminatrice des livres de chevalerie montrée par la gouvernante, la nièce du chevalier, le barbier et le curé s'ajoute un second motif : la poésie. Le curé hésite d'abord, mais se range aux arguments de la pièce qui affirme que cette catégorie d'ouvrages pourrait bien générer un autre type de folie chez Don Quichotte à qui il pourrait bien venir un jour cette idée de devenir poète ou berger – une crainte qui fait sourire quiconque a lu le livre déjà une fois et sait que le chevalier à la Triste Figure entamera bien, en effet, une

carrière de berger dans la dernière partie de sa vie ! Humour, là encore, de l'auteur qui montre à demi qu'il est bien l'auteur et le maître de vérité de ce qui advient à ses personnages.
Comme pour les romans de chevalerie, le curé montre une excellente connaissance de toute cette littérature qu'il prétend tout de même condamnable. Même science des auteurs, des vers, de ce que contiennent les ouvrages, et même hypocrisie – cette fois-ci encore plus manifeste : en effet, à la vue des *Dix livres de la fortune d'amour* d'Antonio de Lofraso, le curé s'écrie : « Par tous les saints, depuis qu'Apollon est Apollon et que les muses inspirent les poètes, on n'a jamais composé de livre plus comique ni plus extravagant que celui-ci ! Dans son genre, il est le meilleur du monde, et quiconque ne l'a pas lu n'a jamais rien lu de divertissant. Donnez-le-moi maître Nicolas ; je suis encore plus content de l'avoir trouvé que si on m'avait fait cadeau d'une soutane neuve. Il le mit de côté avec la plus grande satisfaction » (I.77). Au passage d'un autre titre, le curé célèbre son auteur – il se fait que c'est son ami... Puis un autre livre : même traitement – l'auteur est encore l'un de ses amis...
Familier de la mise en abyme, Cervantès s'offre une autre pirouette ironique et place dans la liste des ouvrages lus par Don Quichotte *Galatée*, un livre de... Cervantès ! Voici donc la créature du roman qui lit une autre créature du créateur de

fiction. Et que dit ce curé ? « Ce Cervantès est un ami de longue date ; et je sais qu'il est plus versé dans le malheur que dans la versification. Son livre ne manque pas d'une certaine invention, mais il ne va pas jusqu'au bout de son propos : il nous faut attendre la deuxième partie, qu'il nous a annoncée. Nous verrons alors s'il s'est suffisamment corrigé pour mériter la miséricorde que nous lui refusons aujourd'hui. Entre-temps, gardez-le chez vous, maître Nicolas, et sous clé » (I.78). Avant de mettre le feu au bûcher de livres condamnés qu'il aime, le curé, ami de Cervantès (on appréciera la mise en abyme baroque – l'ouvrage date de 1605), célèbre un autre poète dont le mérite consiste à avoir traduit… Ovide qui incarne un contrepoison hédoniste (voir *L'Art d'aimer*) ou païen (*Les Métamorphoses*) au judéo-christianisme qu'est censé professer le curé !

Le curé et le barbier, flanqués de la nièce et de la gouvernante, sont idéologiquement assistés par un chanoine que l'on retrouve plus loin dans les pérégrinations de Don Quichotte. Ce que reproche le chanoine aux romans de chevalerie ? Leur dangerosité pour l'État. L'homme d'Église avoue qu'il a lu le début de presque tous ceux qui ont été publiés – mais sans jamais aller jusqu'à la fin. Ce que contredit la suite du propos puisque, dans sa péroraison contre ce genre romanesque, il montre une maîtrise parfaite du sujet.

Le chanoine déplore en effet une fiction totalement en contradiction avec la réalité : un enfant coupe en deux un géant d'un seul coup d'épée, une armée d'un million de combattants se trouve mise en déroute par un héros solitaire, une reine confie son sort à un chevalier errant inconnu, un bateau se trouve un soir dans un endroit et le lendemain matin à l'autre bout du monde, à moins qu'il n'aborde les rivages d'un continent purement et simplement inexistant. Or la fiction, dit-il, excelle d'autant qu'elle a l'air vraie – autrement dit : la fiction la plus vraie est la fiction la moins fictive...

La bonne fiction selon le chanoine se rapproche du vraisemblable et du possible ; elle est à la portée des lecteurs ; elle est écrite pour faciliter la compréhension de choses compliquées ; elle tient l'esprit en suspens, provoque l'admiration, la surprise, l'émotion, l'intérêt ; elle captive et réjouit celui qui la découvre ; elle suppose l'imitation ; elle obéit à un plan rigoureux ; avec elle, on sait où l'on va, au contraire des romans de chevalerie à la facture baroque, irrégulière, fantasque. Le chanoine poursuit : « Leur style est malaisé, leurs prouesses incroyables, leurs amours licencieuses, leurs formules de courtoisie maladroites, leurs batailles interminables, leurs discours stupides, leurs voyages extravagants ; en un mot, ils sont à ce point dépourvus de qualités qu'on devrait les exiler des états chrétiens comme gens inutiles »

(I.479). Où l'on voit que le chanoine sait de quoi il parle et qu'il condamne ce qu'il a vraiment goûté au point de le bien connaître !

Le même chanoine émousse son stylet, puis il avoue que les romans de chevalerie présentent tout de même une série d'intérêts. Et le voilà qui, nouvelle salve d'ironie de Cervantès, part dans un plaidoyer pour le genre qu'il vient de fustiger sous prétexte qu'il permet : les mouvements libres d'une imagination libre s'adonnant à la fantaisie débridée ; l'art de la description de naufrages, de tempêtes, de combats ; la célébration de vertus – la vaillance d'un capitaine, la prudence d'un combattant, l'éloquence d'un chef de guerre, la sagesse d'un conseilleur, la vitesse d'exécution, la temporisation dans l'attaque, la modestie, l'honnêteté et la sagesse d'une dame, la nature très chrétienne, valeureuse et courtoise d'un chevalier ou d'un prince, la loyauté ou la fidélité d'un vassal, la magnificence d'un grand seigneur.

Parti pour critiquer, le chanoine poursuit pourtant son panégyrique des romans de chevalerie parce qu'ils permettent à leurs auteurs de montrer des talents dans divers domaines : astrologie, cosmographie, musique, politique, magie si besoin… À l'aide des grandes figures de la littérature païenne, ils peuvent raconter la ruse, la piété, la vaillance, les malheurs, la trahison, l'amitié, la générosité, le courage, la clémence, la sincérité, la fidélité, la sagesse, « en un mot, toutes ces grandes actions qui rendent parfait un homme illustre, et ce qu'il représentera tantôt réunies en un seul, tantôt partagées entre plusieurs » (I.480). Si d'aventure la chose est dite avec un style simple, agréable, ingénieux dans l'invention, aussi proche que possible de la vérité, l'ouvrage atteindra la perfection, édifiera son lecteur, l'instruira, le divertira. Si tous les adversaires du roman de chevalerie plaidaient ainsi, le genre n'aurait pas besoin d'avocats !

L'interlocuteur du chanoine, un curé, abonde... Il confesse que le problème est moins le fond du roman de chevalerie que la forme : s'ils sont composés avec le respect des règles du bon goût, après tout, pourquoi pas ? Le chanoine avoue avoir commencé la rédaction d'un roman de ce genre, plus d'une centaine de pages, mais qu'il a renoncé, bien que ses lecteurs aient aimé son manuscrit. Il n'est pas allé plus loin, parce qu'il ne sied pas à un curé de publier un roman de chevalerie, mais aussi parce qu'une fois publié, les sots auraient été plus nombreux que les sages parmi ses lecteurs, car cette proportion en défaveur de l'intelligence est la loi.

Le chanoine poursuit sa critique. Cette fois-ci, il attaque le théâtre : une fois de plus, le reproche porte sur les absurdités qui n'empêchent pas l'emballement du grand nombre. Là encore, le chanoine blâme ces pièces qui rassemblent un grand public de ne pas obéir aux règles de l'art – en l'occurrence celles qui devraient déjà régler le roman… Il affirme qu'on peut divertir, distraire, amuser et enseigner avec des pièces de qualité. Au passage, il affirme une vérité qui transcende le temps : « Ce n'est pas la faute du public s'il demande des sottises, mais de ceux qui ne savent pas leur offrir autre chose » (I.482).

Le curé surenchérit. L'homme d'Église en appelle à l'autorité d'un auteur païen, Cicéron, pour expliquer ce que doit être le théâtre : « le miroir de la vie, un exemple pour les mœurs, et l'image de la vérité » (I.483) – au lieu de cela, il ne produit qu'inepties, sottises, lascivité, invraisemblances, contradictions, anachronismes. L'homme d'Église en rajoute sur le théâtre religieux dans lequel regorgent de faux miracles, des histoires apocryphes, des erreurs factuelles concernant la vie des saints ou des martyrs, l'ensemble détruisant l'idée même de vérité par la licence prise avec ce qu'enseigne l'histoire.

Chanoine et curé veulent un théâtre édifiant, bien écrit, bien construit. Ils aspirent à un public instruit par une morale, conquis par une construction *ad hoc*, amusé par les drôleries, étonné par l'intrigue, fortifié par la sagesse de la doctrine exposée, convaincu par les exemples, désireux de fuir le vice et d'aller vers la vertu. On trouve sous la plume de Cervantès faisant parler le curé une critique intempestive : « Les pièces de théâtre étant devenues une marchandise comme une autre, ils disent, et c'est bien vrai, que les acteurs ne les leur achèteront que si elles sont fabriquées au goût du jour. Aussi le poète fait-il de son mieux pour répondre aux exigences de celui qui le paie » (I.484). Déjà le conflit entre la littérature digne de ce nom et sa formule alimentaire…

La solution pour trier le bon grain littéraire de l'ivraie commerciale ? Une personne qui, à la Cour, lirait les pièces et donnerait son imprimatur en fonction d'un cahier des charges ouvrant aux représentations dans la totalité du pays. Les comédiens ne joueraient qu'après avoir obtenu l'autorisation ; les dramaturges n'écriraient qu'en regard de cette lecture de la censure, ils produiraient donc une littérature de meilleure qualité. Le curé et le chanoine en appellent donc à un « censeur » (I.485). Il pourrait regarder aussi bien le théâtre que la poésie et, bien entendu, les romans de chevalerie, et renvoyer cette littérature aux oubliettes. N'obtiendraient droit de cité que les œuvres dûment estampillées par la censure.

Où l'on voit que l'Église n'aime pas la liberté : liberté d'esprit, liberté d'écriture, liberté de création, liberté de pensée, liberté de réflexion ; qu'elle n'apprécie pas la fiction pour elle-même ; qu'elle lui préfère l'ascèse morale, l'austérité édifiante, l'apologétique chrétienne, la prose serve de son idéologie ; qu'elle envisage les grands moyens pour toute production littéraire libre : l'autodafé et la censure. *Don Quichotte* reste un roman dans

lequel l'Église catholique, apostolique et romaine se trouve malmenée.
Rappelons que la première partie de *Don Quichotte* paraît en 1605, la seconde en 1615 et que, sur invitation de l'Église catholique, Giordano Bruno monte sur le bûcher en 1600, après huit années de procès, que les thèses de Galilée sont condamnées en 1620 et qu'il échappe à la mort par une condamnation à la prison à vie en 1633. À cette époque, l'Église a les moyens politiques de son ontologie ! L'humour de Cervantès est d'autant plus nécessaire ; il paraît d'autant plus audacieux.

Le réel n'a pas (eu) lieu

Ce qui me plaît dans le livre de Cervantès est qu'il est le grand roman de la dénégation : Don Quichotte est en effet en permanence l'homme pour lequel le réel n'a pas eu lieu. Le mécanisme du déni n'est pas explicité, ni même autopsié, mais il apparaît en permanence dans un nombre incroyable de situations. L'image célèbre d'un hidalgo combattant contre des moulins qu'il s'évertue à prendre pour des géants colle à la peau du personnage et dit nettement le mal dont il souffre, sa folie : il ne veut pas voir ce qui est et préfère voir ce qu'il veut. Le monde tel qu'il est ne lui convient pas, il lui substitue le monde tel qu'il devrait être – autrement dit : obéissant à ses caprices, à l'heure de ses fantaisies... Dans cette opération de substitution du devoir être à l'être réside le mécanisme de la dénégation – une passion universelle et grandement partagée...

Il existe une vingtaine de moments dans le roman au cours desquels on assiste à la folie de Don Quichotte. Quelle est-elle ? L'ingénieux hidalgo, nourri aux romans de chevalerie, croit que le temps du livre coïncide avec celui de la vie ; il imagine que la vérité est moins dans le monde présent que dans le livre qui dit le monde d'hier, qui plus est un monde d'hier idéal, idéalisé ; il ne croit pas ce qu'il voit, mais ce qu'il imagine ; il imagine ce qu'il voit, et il le croit ; ce qu'il croit devient vrai et le vrai devient une fiction ; il intercale entre lui et le réel une série de fictions qui lui troublent l'esprit, la vue, le jugement, l'intelligence et la raison ; il vit selon l'idéal de sa raison pure, ce qui devient déraison, et il transforme en déraisonnable toute raison saine – pour le dire en une expression familière, Don Quichotte prend ses désirs pour la réalité. Ce en quoi il incarne une passion très répandue – et pas seulement chez les amateurs de livres...

Le cerveau de Don Quichotte est plein de fictions devenues plus vraies que le vrai qu'il prend pour une fiction. Ses fantaisies procèdent d'une lecture attentive de ce type de littérature. Il prend les livres au sérieux. Cervantès le montre la plupart du temps ridicule, risible, grotesque, cocasse, bouffon, il le met en scène dans des situations où la naïveté, la niaiserie, la bêtise, la sottise font la loi. Il est souvent par terre, il prend des coups de bâton, il se fait régulièrement lapider, il perd ses dents, il brise sa lance, il est la risée des curés et des chanoines, des ducs et des duchesses, des bacheliers et des aubergistes, des bergers et des servantes, mais il paraît que ce fou semble avoir perdu la déraison lorsqu'il parle d'autre chose que de chevalerie...

Il s'en entretient avec le chanoine : dans un discours saturé de références littéraires, Don Quichotte affirme la réalité de la fiction romanesque. Pour lui, tout ce qui est écrit doit être dit vrai de la façon la plus évidente. Les aventures des chevaliers sont aussi véritables que le soleil brille et que la terre se trouve sous nos pieds. Suit une longue énumération de héros de ces romans et de leurs faits et gestes. Ce monde de papier fait la loi dans le monde de chair et d'os de Don Quichotte ; mais dans le monde de chair et d'os, le monde de papier ne fait la loi que dans les livres. La folie du Quichotte consiste à faire du livre la mesure de toute chose – un tropisme pendant des siècles de christianisme.

Croire que la vérité du monde est dans le livre qui dit le monde plutôt que dans le monde, c'est très exactement la folie patristique, scolastique, aristotélicienne, médiévale. Dans le « Prologue au lecteur », Cervantès écrit qu'il propose « un livre sec comme de la paille, pauvre d'invention, dénué de style, médiocre en jeux d'esprit, dépourvu d'érudition et d'enseignements, sans annotations en marges ni commentaires à la fin » (I.26) et que sa proposition arrive dans une époque qui pratique à rebours : « Aujourd'hui, on voit des ouvrages, même des fables inventées et profanes, si remplies de maximes d'Aristote, de Platon et toute la bande des philosophes, que les lecteurs, admiratifs, ne doutent pas que leurs auteurs ne soient des hommes de grand savoir. Et quand ces auteurs se mêlent de citer les Saintes Écritures, n'en parlons pas : on dirait que ce sont des saints Thomas et autres docteurs de l'Église ! et comme ils s'arrangent pour respecter la bienséance ! » (I.26).

Comme Descartes avec son *Discours de la méthode*, mais avant lui, Cervantès veut donc un livre direct, pur, net, ne procédant que de lui-même et non une glose supplémentaire. Pas de renvois aux autorités officielles et institutionnelles : l'idéalisme platonicien, la métaphysique et la logique aristotélicienne, le texte biblique, la bibliothèque patristique, le thomisme. Pas de forme universitaire : l'annotation, la citation, le commentaire. Pas de livres sur les livres qui disent le monde, mais un livre qui le dit directement, franchement. Son auteur prétend, ironiste comme d'habitude, qu'il offre aux lecteurs un livre aux antipodes de ce qu'il est réellement. Car *Don Quichotte* n'est pas sec, mais plein d'une sève baroque ; non pas pauvre d'invention, mais regorgeant de trouvailles ; non pas dénué de style, mais truffé de mécanismes romanesques et de bonheurs de narration ; non pas médiocre en jeux d'esprit, mais fourmillant de drôleries ; non pas dépourvu d'érudition et d'enseignements, mais plein de sagesse populaire, de psychologie humaine, de connaissance véritable des hommes réels et concrets. Toutefois, en effet, ce livre s'avère dépourvu d'annotations en marges et de commentaires à la fin… Cervantès dira donc les choses sans passer par les bibliothèques. Dès lors, il fait la critique de la bibliothèque comme instrument de lecture du monde.

Le roman met en scène un autodafé chrétien, mais il est lui-même, ce roman, un autodafé des livres chrétiens ! De livres chrétiens (les romans de chevalerie), certes, mais aussi de livres compatibles avec le christianisme (la fameuse « bande des philosophes » (I.26) précitée...). Ce livre est donc un livre contre les livres qui confisquent le monde à leur profit et qui empêchent qu'on le voie et qu'on le vive tel qu'il est : Don Quichotte qui a trop lu (sur le monde) ne voit plus (le monde).

Ainsi, à cause des livres de chevalerie qui lui ont formaté l'intelligence et l'esprit, le jugement et la raison, Don Quichotte voit dans une auberge crasseuse un château mirifique ; dans un paquet de moulins une armée de géants ; dans une procession de muletiers une armada de chevaliers ; dans une Maritorne crasseuse une beauté divine ; dans un troupeau de moutons une fois encore des géants ; dans une procession mortuaire toujours un défilé de géants ; dans un paisible moulin une menace terrible ; dans un plat à barbe un heaume de chevalier ; dans un bât un harnais ; dans des outres à vin des hommes embusqués ; dans une muletière décrépite une dame de toute beauté ; dans du lait caillé son cerveau ramolli ; dans un théâtre de marionnettes une scène véritable ; dans un moulin une citadelle ; dans les grains de blé triés par Dulcinée des perles d'Orient ; dans un cheval de bois un vaisseau qui le porte aux confins de l'univers...

N'allez pas dire à Don Quichotte qu'il se trompe lorsqu'il voit ce qu'il voit, il vous répondra que vous avez tort de voir ce que vous voyez ! Comme quiconque se trouve affligé de cette fâcheuse manie du déni et de la dénégation, l'idée qu'il se fait du vrai, fût-elle fausse, est plus vraie que la réalité du vrai, qu'il estimera toujours fausse. Son imagination fait la loi, il est pauvre en monde réel et riche en fictions pures. L'imaginaire obère la matière du monde pour la recouvrir d'un voile d'illusions. L'auberge, le moulin, le muletier, la Maritorne, le plat à barbe, l'outre à vin, voilà choses moins excitantes que le château, les géants, les chevaliers, la dame, le heaume, les ennemis ! Une taverne crasseuse qui pue ? Un banal moulin qui moud du grain ? Une servante poilue, aussi crasseuse et puante que la guinguette ? Un simple plat à barbe pour mettre la mousse ou le sang du barbier ? Une peau de bête cousue dans laquelle repose le mauvais vin ? Rien que de très normal... Mieux vaut un château aux tours crénelées avec une princesse qui attend le retour de son preux chevalier, une armée de géants à combattre pour asseoir la puissance des vertus chevaleresques, une jolie dame de ses pensées, parfumée, à la peau blanche et aux yeux pers, un heaume de guerrier valeureux, des malandrins embusqués auxquels il faudra rendre raison – Don Quichotte a déclaré la guerre au banal, il veut le merveilleux. Or la vie est neuf fois sur dix banale, l'ingénieux hidalgo

a choisi de vivre une vie merveilleuse, même si le merveilleux exige le sacrifice de la vie, il sacrifiera la vie. L'étonnant, l'extraordinaire, le féerique sont à ce prix. Don Quichotte fait de sa vie un roman, car peu de vies sont romanesques, il ne veut pas que son existence ne soit pas une fête ; dès lors, il demande à l'imagination de lui offrir la magie que la vie n'a pas.
Ainsi, quand Don Quichotte arrive en vue d'une auberge, il la transforme en château ; des servantes sont à la porte, il s'agit de deux gracieuses demoiselles ou deux nobles qui se délassent ; des barreaux de fer protègent les fenêtres, ce sont des barreaux dorés ; un porcher appelle ses cochons avec une trompe, il annonce évidemment l'arrivée du chevalier à la Triste Figure. Quand la roue des moulins fait entendre son bruit, Don Quichotte entend un vacarme annonciateur des pires catastrophes. Quand ce qui est advient, banal, notre héros voit ce qui n'est pas et qui devient merveilleux. Aux yeux de Don Quichotte, ce qui est n'est pas ; seul ce qui advient est – et ce qui advient découle d'une imagination aux commandes.

Commençons par les moulins à vent puisque cette anecdote ramasse toutes les autres car même ceux qui n'ont pas lu le livre connaissent cette histoire qui définit le héros : il prend des moulins à vent pour des géants... Ces moulins sont nombreux, entre trente et quarante. Don Quichotte au sang

chaud veut dépouiller ces prétendus géants et s'enrichir avec leurs dépouilles ; Sancho rétorque qu'il s'agit de moulins et que les bras (vus par le chevalier) sont en fait des ailes (vues par le serviteur) ; le Quichotte ne veut rien entendre, persiste dans sa vérité qui est illusion et fiction : il invite son écuyer à s'écarter et à faire sa prière s'il a peur, mais, lui, courageux, valeureux, déterminé, conquérant, il va les mettre en pièces ; il éperonne Rossinante, attaque ; le vent se lève et fait tourner les ailes, signe que ce sont bien des géants qui agitent les bras et se préparent eux aussi au combat ; évocation de Briarée, un géant aux cent mains selon Homère et Hésiode, invocation de Dulcinée, la dame de ses pensées, puis charge ; la lance entre dans l'aile qui continue son mouvement et embarque le lancier et son arme – chute de Don Quichotte dans la poussière…
Commentaire du chevalier désarçonné ? Ce sont bien des géants, il n'y a pas de moulins. Don Quichotte ne s'est pas trompé, il n'est pas coupable d'hallucination, mais victime d'une machination. Il dit à Sancho : « Pour moi, je pense, et c'est la vérité, que cet enchanteur Freston, qui a emporté mon cabinet et mes livres, a transformé ces géants en moulins pour me ravir l'honneur de les avoir vaincus, si grande est la haine qu'il me porte » (I.85). Tout le mécanisme de la dénégation se trouve ainsi montré : le réel n'a pas eu lieu, au contraire de la fiction qui, elle, a pris toute

la place ; le jugement corrompu et particulier du chevalier fait la loi générale et décide de la vérité – lire et relire le magnifique : « Pour moi, je pense, et c'est la vérité » ! Le coupable est une victime : jamais responsable, toujours martyr. Si le réel lui donne tort, c'est le réel qui a tort : le dénégateur change plus volontiers de réel que de jugement ; élection d'une cause tierce au réel qu'on ne veut pas voir : si le géant apparaît sous le déguisement du moulin, c'est qu'un maléfice venu de l'extérieur a été jeté. Coupable de déraison, le dénégateur devient victime d'une raison plus forte que la sienne – une raison obligatoirement enchantée… Qui est Freston ? Lorsque le curé et le barbier ont vidé la bibliothèque de Don Quichotte et brûlé ses livres, le chevalier a demandé ce qui s'était passé. Sa nièce a répondu qu'un enchanteur arrivé à dos de serpent, sur un nuage, est entré dans la maison pour y porter le feu dans sa bibliothèque. Le méchant vieillard s'est ensuite envolé par le toit. La nièce dit qu'il a donné son nom : « l'enchanteur Mignaton » (I.81). Réponse de Don Quichotte : « N'était-ce pas plutôt Freston ? » La gouvernante dit : « Je ne sais pas s'il s'appelait Freston ou Friton ; tout ce que je sais, c'est que ça se terminait en *ton* » (*id.*). Don Quichotte de surenchérir : « Cet enchanteur est en effet un de mes pires ennemis. Il m'en veut parce qu'il sait, grâce à son art et à son grimoire, qu'un jour viendra où j'aurai à me battre en combat singulier contre un chevalier qu'il protège, et que je le vaincrai sans qu'il puisse l'empêcher ; voilà pourquoi il cherche à me nuire par tous les moyens » (*id.*). Où l'on découvre la structure paranoïde de Don Quichotte : quand ça ne va pas, il n'est jamais responsable et il y a toujours un coupable idéal – un autre que lui : l'enchanteur. L'enchantement est l'autre nom du principe d'irresponsabilité.

Suivant les siècles, il a nom *fatum*, destin, *nisus*, *conatus*, vouloir vivre, volonté de puissance, infrastructure économique, inconscient, objet petit a, hormone, gène, synapse : il est l'enchanteur par lequel tout advient ; il rend raison d'un réel qui obéit à sa loi et à rien d'autre ; il dispense de regarder ce qui est, puisque ce qui doit être a déjà tout dit ; il détourne du monde pour polariser l'attention sur la magie d'un principe explicatif de tout ce qui est ; il transforme le complexe en simple, le divers en unité, le multiple en élémentaire, l'agrégat en atome. L'enchantement nomme dans le monde ce qui échappe aux lois du monde et que l'on réduit à une idée pure devenue totem d'une religion qui invite à croire et dispense de réfléchir, de penser, d'user de sa raison.

Ainsi, des marchands rencontrent Don Quichotte qui leur interdit le passage, à moins qu'ils n'affirment que Dulcinée du Toboso est la plus belle femme du monde. Ils ne sont pas contre, mais, bon sens élémentaire, ils voudraient la voir avant de s'exprimer, autrement dit : ils souhaitent voir le réel avant de dire le réel. Don Quichotte rétorque que le réel n'est pas utile pour juger et conclure du réel, que la foi et la croyance suffisent. Il dit : « Si je vous la montrais, quel mérite auriez-vous à reconnaître une vérité aussi manifeste ? L'important est de croire sans la voir ; et de le confesser, de l'affirmer, de le jurer, de le soutenir les armes à la main » (I.64). Nul besoin de preuve du réel pour qu'il soit, il suffit qu'on le veuille ainsi, et il sera ainsi. Quiconque souhaite voir avant de dire et dit après avoir vu ne peut rien contre celui qui affirme n'avoir pas besoin de voir pour dire et dit sans avoir vu le contraire de ce qui se montre. La foi et la croyance relèvent de cet ordre de la déraison : nul besoin de voir pour croire, croire suffit pour voir.

Une autre fois, et toujours sur le sujet de Dulcinée, Don Quichotte donne le mode d'emploi de la dénégation : « En un mot, j'imagine que ce que je dis est comme je le dis, ni plus ni moins ; et je la vois en esprit telle que la veut mon désir » (I.245). La folie du chevalier se montre donc dans toute sa superbe : elle est déraison pure (et *L'Ingénieux Hidalgo Don Quichotte de la Manche* pourrait ironiquement se trouver sous-titré *Critique de la déraison pure...*), art de congédier les preuves du réel au profit des fictions de la croyance. Peut-on imaginer livre plus radicalement opposé à toutes les religions en général, et au catholicisme espagnol de son temps en particulier ?

Car voici un roman qui joue des mises en abyme, invente un auteur, un traducteur, un narrateur, un héros, des personnages, pour diluer les messages, les diffracter dans la matière lumineuse du livre et qui disparaît, lui, en tant que tel, Miguel de Cervantès Saavedra, en laissant comme de petits cailloux de terribles messages antichrétiens : le curé initiant un autodafé (acte de foi dit l'étymologie portugaise...), le chanoine critiquant la fiction romanesque et appelant à la censure contre les livres qui ne seraient pas catholiquement corrects, le chevalier très chrétien ridiculisé cent fois quand il manifeste la foi du charbonnier. Sans oublier cet attelage d'un Don Quichotte qui fait songer, pour les plus érudits en histoire sainte, à Ignace de Loyola.

Car, comme le chevalier à la Triste Figure, le chevalier de la Milice du Christ a la tête près du bonnet ; comme lui, Ignace de Loyola se propose d'acquérir la gloire par la pratique des vertus chevaleresques – valeur, honneur, courage, foi ; comme lui, il lit des livres de chevalerie et veut vivre selon ce que Jacques de Voragine raconte dans sa *Légende dorée* ; comme lui, il troque un jour ses vêtements profanes au profit de l'accoutrement du chevalier ; comme lui, il prend la route en compagnie de deux serviteurs ; comme lui, il affronte la résistance des siens quand il annonce son choix de l'errance ; comme lui, il vit un temps dans une grotte (celle du voyage initiatique de Montesinos

effectuée par Don Quichotte ?) ; comme lui, il se fait rouer de coups à Barcelone (*passim* dans le roman de Cervantès…) ; comme lui, il se retrouve derrière les barreaux (ceux de la cage sur roue dans laquelle le chevalier sera enfermé ?) ; comme l'enchanteur qui claudique, une jambe rompue à Babylone, Ignace de Loyola boite lui aussi, blessé à la bataille de Pampelune, contre les soldats de François Ier, un boulet lui ayant fracassé la jambe…
Et si *L'Ingénieux Hidalgo Don Quichotte de la Manche* était une parodie du *Récit du pèlerin* dicté par le jésuite Ignace de Loyola à l'un des siens, Luis Gonçalvez de Câmara, entre 1553 et 1555 ? Et si les *Constitutions de la Compagnie de Jésus* (1558) d'Ignace constituaient la matrice à partir de laquelle Cervantès active son ironie quand il expose le projet politique (plein de bon sens populaire…) de Sancho Pança devenu gouverneur de l'île de Baratarie ? Alors Cervantès aurait, à la manière de Rabelais, proposé au début du XVIIe siècle la plus hénaurme critique du christianisme sans en avoir l'air… Génie du baroque !

Revenons à nos moutons – qui sont des chevaliers. Don Quichotte, victime de son tropisme, avise des chevaliers et des géants là où Sancho voit… un troupeau de moutons. Hallucinations du chevalier qui entend les chevaux hennir, les clairons sonner, les tambours rouler. Si l'écuyer voit ce qu'il voit, autrement dit le réel, son maître lui dit qu'il se trompe : ne pas voir ce qui n'est pas, c'est avoir peur qui a pour effet, *dixit* Don Quichotte, « de faire que les choses paraissent autrement qu'elles ne sont » (I.165)... Invoquant les grands chevaliers de ses fictions chéries, Don Quichotte charge malgré les cris des bergers qui voient leur troupeau menacé ! Les paysans envoient des pierres avec leurs frondes. Résultat : deux côtes enfoncées, trois ou quatre dents emportées, deux doigts écrasés. L'ingénieux hidalgo tombe de son cheval. Au moins sept bêtes ont été massacrées. Les bergers les emportent et laissent le chevalier groggy. Commentaire de Don Quichotte à Sancho Pança : « Cela te montre le pouvoir qu'a ce diable d'enchanteur, mon ennemi, de transformer ou de faire disparaître les choses à son gré. Apprends qu'il est très facile à ces gens-là de nous faire voir ce qui leur plaît ; ce misérable qui me poursuit, envieux de la gloire que j'allais gagner dans cette bataille, a changé les deux escadrons de soldats en troupeaux de moutons » (I.167). Puis il invite Sancho à suivre le troupeau pour se rendre compte par lui-même que les bêtes vont se métamorphoser en chevaliers – autrement dit, que le faux va devenir vrai, ce qui prouvera la vérité du faux, la véracité de l'illusion.

L'enchanteur, c'est le magicien, le magicien, c'est le sorcier – le sorcier, c'est la sorcière. Pourquoi faut-il qu'on associe à l'enchanteur des vertus que l'on ne prête pas à la sorcière ? D'abord parce qu'ils sont des hommes et que la furie manifestée par l'Église contre les sorcières procédait de l'antique misogynie de l'Église catholique paulinienne. On destine moins Merlin l'Enchanteur au bûcher qu'on n'y envoie les femmes – entre 50 000 et 100 000 dans les deux siècles sur lesquels se déplie la vie de Cervantès.

Les sorcières incarnent également un contre-savoir : contre la religion chrétienne, religion du Livre et du commentaire, puis du commentaire de commentaire, religion qui dit que la vérité du monde se trouve dans un seul livre qui le récapitule et non dans le monde, religion qui invite à détourner le regard sur le monde pour le destiner aux seuls grimoires. La sorcière, c'est la femme qui connaît les herbes, les plantes, les simples, l'art de leur dessiccation, de leur décoction, de leur fumigation, l'art de leurs usages dans les breuvages et les poisons. Elle connaît la lune et ses mystères. La sorcière incarne la résistance populaire au savoir chrétien dominant.

Dès lors, que Don Quichotte le chevalier chrétien ait pour ennemi un enchanteur qui est aux hommes ce que la sorcière est aux femmes n'a rien d'anormal. Friston figure en avers d'une médaille dont le revers est Don Quichotte : pile, le mal païen, face le bien chrétien ; d'un côté, la magie, la sorcellerie, l'enchantement, l'envoûtement, le sortilège, le maléfice, de l'autre, la foi, la croyance, la vertu, la religion catholique, apostolique et romaine. L'enchanteur est pour le chrétien l'une des modalités du diable ; le chevalier, l'une des figures du saint. Lorsqu'il prendra une procession mortuaire pour un défilé de démons, Don Quichotte avouera qu'il croit à l'Hadès des chrétiens : « On aurait dit des démons venus de l'autre monde » (I.174).

Dans le roman de Cervantès, l'enchanteur n'existe pas ailleurs que dans l'esprit de Don Quichotte, mais il commet des ravages du simple fait que le chevalier à la Triste Figure sacrifie à la démonologie chrétienne. Sancho Pança, pour sa part, lucide et plein d'un bon sens populaire, ne croit pas une seule seconde aux balivernes chrétiennes de son maître. Quand le grand maigre voit une armée à vaincre, le petit gros sait qu'il n'y a que moutons à paître ; quand le premier craint « des diables échappés de l'enfer » (*id.*), le second voit bien qu'il s'agit d'une procession funéraire...

Le plat à barbe d'un heaume de cuivre en or

Don Quichotte connaît d'autres aventures qui lui permettent d'expérimenter son tropisme dénégateur. Ainsi l'épisode au cours duquel il transforme un plat à barbe en heaume de Mambrin – « car il avait, écrit Cervantès, une forte propension à toujours rapporter ce qu'il voyait aux extravagances de ses livres et aux délires de son imagination » (I.191). Le principe de Don Quichotte se résume donc à cette étrange folie : croire plus vraies les fictions du roman chrétien de chevalerie que le réel païen dans la multiplicité de ses épiphanies. Pour le chevalier, le livre prime le monde ; le monde doit donc dire le livre – alors que le livre devrait dire le monde, ce que fait le roman de Cervantès. Il pleut, le chevalier à la Triste Figure avise au loin « un homme portant sur la tête quelque chose qui brillait comme si c'était de l'or » (I.190). Pour Don Quichotte, cela ne fait aucun doute, ce *quelque chose*, c'est le « heaume de Mambrin » (*id.*), autrement dit, un genre de Graal de chevalier puisqu'il s'agit du couvre-chef enchanté d'un roi, Mambrin, gagné à la bataille par Renaud de Montauban. Renaud de Montauban est le héros légendaire d'une vieille chanson de geste du XIIe siècle extraite du *Cycle des barons révoltés*. On connaît le nom de son cheval, Bayard, et celui de son épée, Floberge – qui deviendra Flamberge et signifie aujourd'hui l'ardeur à partir au combat sans réfléchir... Cette longue épée à deux mains voit sa lame rougir au désir de celui qui l'empoigne. Le chevalier à l'épée de feu a un cousin magicien qui se nomme Maugis et auquel on doit le double gain du cheval et de l'épée pour le chevalier.

On imagine combien le heaume de ce chevalier au cheval et à l'épée magnifique peut séduire Don Quichotte ! Le mécanisme hallucinatoire du chevalier se met en route. « Ne vois-tu donc pas ce chevalier qui vient vers nous, sur un cheval gris pommelé, avec un heaume sur la tête ? » demande Don Quichotte à Sancho qui répond : « Ce que je vois, moi, ou plutôt ce que j'entrevois, c'est un homme monté sur un âne gris comme le mien, avec sur la tête quelque chose qui brille. » Réponse du grand dégingandé : « Ce quelque chose qui brille, c'est le heaume de Mambrin » (I.191). *Magister dixit...*

Ce *quelque chose*, Cervantès nous dit ce qu'il est : le plat à barbe d'un homme qui va de village en village pour raser les barbes et réaliser les saignées. Comme il pleuvait, et qu'il voulait ne pas abîmer son chapeau neuf, le barbier l'a couvert avec son plat à barbe rutilant, mais de cuivre. Voici donc les métamorphoses opérées par la folie quichottesque : un barbier transformé en chevalier, un âne en cheval gris pommelé, un plat à barbe en heaume, du cuivre en or – du rêve en réalité… Et Don Quichotte de charger le barbier qui tombe de son cheval, abandonne le plat en cuivre et prend ses jambes à son cou devant pareille furie !

Le chevalier à la Triste Figure fait ramasser le plat par son écuyer, triomphe de disposer aussi facilement du heaume de Mambrin, essaie de l'ajuster sur sa tête et n'y parvient pas – normal : le déni effectue son travail et Don Quichotte conclut qu'il a été forgé sur mesure, donc impossible à porter par lui ! Avec son bon sens légendaire, Sancho voit là une preuve que ce heaume est un plat à barbe : « Je ris en imaginant la grosse tête que devait avoir le païen pour qui on a fait ce heaume, qui ressemble bel et bien à un plat à barbe » (I.192).

Mais le Quichotte persiste dans sa folie, et c'est le propre des dénégateurs : là où une preuve pourrait effondrer leur délire, ils transforment cette preuve en justification de leur délire. Que le plat à barbe ne s'ajuste pas comme un heaume, justement parce qu'il est un plat à barbe, voilà qui devient pour le dénégateur la preuve que ce heaume est encore plus heaume qu'on l'imagine : il a été martelé sur mesure, confectionné aux dimensions de la tête du chevalier… Chez un adepte du déni, tout ce qui prouve l'illusion devient matière à l'entretenir.

Sancho Pança fait remarquer qu'il manque la moitié du heaume – normal, puisqu'il s'agit d'un plat à barbe et que son ovale est entaillé à l'un des sommets de l'ellipse pour permettre au client d'avancer la tête, de placer le cou dans cette encoche, et d'avoir la barbe juste sur le plat pour éviter d'être souillé par le savon et l'eau nécessaire à l'opération. L'encoche prouve qu'il s'agit d'un plat à barbe et non d'un heaume, mais Don Quichotte transforme la preuve de son erreur en légitimation de son illusion et dit : « Cette pièce fameuse, ce heaume enchanté a dû tomber, par le fait du hasard, entre les mains de quelqu'un qui n'a su ni le reconnaître ni l'estimer à sa juste valeur, mais qui, voyant que c'était de l'or fin, en aura fondu la moitié pour en tirer profit, et avec l'autre aura façonné cette chose, qui ressemble en effet à un plat à barbe. Pour moi qui l'ai reconnu, cette métamorphose importe peu ; je le remettrai en l'état au premier village où il y aura un forgeron, de manière à ce qu'il n'ait rien à céder ni à envier au casque que le dieu des forges offrit au dieu de la guerre. En attendant, je m'arrangerai de ce qu'il est : il vaut toujours mieux que rien, et suffira pour me protéger des pierres » (I.193). Voilà donc, le plus sérieusement du monde, Don Quichotte coiffé d'un plat à barbe en cuivre devenu, par la grâce de sa folie, le heaume en or du chevalier Mambrin…

Plus tard dans le roman, l'objet du délire réapparaît. Sancho affirme à son maître qu'il l'a dans son sac. Puis il ajoute : « J'ai l'intention de le réparer chez moi et de m'en servir pour me raser, si Dieu m'accorde la grâce de revoir un jour ma femme et mes enfants » (I.238). Colère de Don Quichotte qui reproche son « esprit borné » (I.238) à son écuyer. Le dénégateur pratique en permanence un sport particulier : le monde à l'envers... Sancho voit le vrai et le dit ; Quichotte voit le faux et le dit vrai ; Sancho dit que le faux dit vrai est faux et que le vrai dit faux est vrai ; Quichotte conclut à la folie... de Sancho ! Le propre du déni, c'est qu'il comprend aussi le déni du déni. Sinon, il ne serait pas déni. Car un déni pensé puis avoué comme tel déchire le voile de l'illusion, congédie l'erreur et instaure la réalité de plein droit. Affirmer le travail du déni, c'est nier la dénégation.

En vertu de cette dialectique perspectiviste qui veut que vérité de chevalier ne soit pas vérité d'écuyer, que le vrai n'existe pas dans l'absolu, mais relativement, qu'en dehors du chevalier et de l'écuyer, il se peut même qu'il y ait une troisième vérité, voire qu'il y en ait autant qu'il y aura de regardeurs, Don Quichotte abolit la vérité et affirme qu'il n'en existe plus qu'une : l'inexistence d'une vérité une. Nouveau paradoxe de cet éternel dialecticien pour qui le réel n'est pas en tant que tel, mais comme produit d'un enchanteur qui le veut. Abolition de la raison pure et triomphe de la déraison pure : nous sommes dans le cœur nucléaire du mécanisme de la foi, de la

croyance – que Cervantès moque encore et toujours.
Pour preuve du nihilisme quichottesque comme fondement et résultat en même temps de sa folie circulaire, ce discours de Don Quichotte à Sancho Pança : « Il y a sans cesse autour de nous une troupe d'enchanteurs qui changent et transforment les choses à leur guise, selon qu'ils souhaitent nous aider ou nous nuire. Voilà pourquoi ce que tu crois être un plat à barbe me semble à moi être le heaume de Mambrin ; et un troisième y verrait encore autre chose. L'enchanteur qui me protège s'est montré d'une grande prévoyance en faisant en sorte que l'on prenne pour un plat à barbe ce qui est bien réellement le heaume de Mambrin : comme c'est un objet de valeur inestimable, tout le monde me poursuit pour me l'enlever. Mais les gens n'y voyant qu'un vulgaire bassin, personne ne s'en soucie » (I.238). L'enchantement est positif : le magicien protège le chevalier, car il cache au monde ce qu'il lui montre à lui seul.
Si le réel n'est pas, c'est parce que l'enchanteur en produit un autre pour masquer celui qui est. Mais l'existence de deux réels, au moins, voilà la preuve de la folie – folie décuplée quand on passe non pas d'un vrai à deux, mais à une multiplicité de vrais. Nous passons en effet de la vérité comme garantie de son être à deux vérités comme fissure de la vérité, pour parvenir à une infinité de vérités comme abolition de la vérité.

Ce qui donne *d'abord* : le plat à barbe est un plat à barbe ; *ensuite* : le plat à barbe n'est pas, il s'agit d'un heaume ; *enfin* : pour l'un, le plat à barbe n'est pas, pour l'autre, le heaume n'est pas, pour un troisième, le plat à barbe ni le heaume ne sont, mais autre chose est. Voilà la logique de la folie : impossibilité de consentir à la vérité du vrai, affirmation de la relativité du vrai, allégation de la fausseté du vrai, conclusion de la vérité du faux et apostille avec l'assertion que seule est vraie l'affirmation que le vrai n'existe pas.

Dans ce labyrinthe ontologique, Don Quichotte sait que la formule *à chacun sa vérité* suffit en matière de vérité. Lui seul sait que ce qu'il dit est vrai, ce qui lui permet, sans vergogne, d'affirmer : « Je sais qui je suis » (I.69), ce qui ne manque pas de sel quand on sait, nous, qui il est. Le dénégateur nie toujours sa dénégation, c'est d'ailleurs ce qui le définit. Chacun sait qu'un menteur ne dit jamais qu'il est menteur, ni le voleur voleur, ni le fourbe fourbe. L'amateur de corrida, autrement dit l'aficionado du spectacle de la jouissance de souffrances infligées à un animal avant de le tuer, poussera de grands cris quand on lui dira qu'il est sadique – car le sadique, le pervers, le malade mental, le délinquant relationnel nient qu'ils le sont, puisque cette négation constitue leur être même. *Je sais qui je suis* dit très exactement celui qui ne sait pas qui il est – autrement dit : un dénégateur.

Le paradoxe du menteur est le même que le paradoxe du dénégateur : si le menteur dit qu'il ment, alors il dit la vérité, donc il ne ment pas. Il dit « je mens » ; si c'est vrai : c'est faux, car en affirmant qu'il ment, il ne ment pas et dit la vérité ; si c'est faux : c'est vrai, car s'il dit la vérité en disant qu'il ment, il ment, et s'il ment, il ne ment pas en disant qu'il ment, car il dit la vérité. S'il ment, alors il n'est pas un menteur et dit la vérité ; s'il dit la vérité, alors il est un menteur et ne dit pas la vérité.

De même, si le dénégateur dit qu'il est dans le déni, il sort de la dénégation, dès lors, il n'est plus dénégateur. Il ne peut donc dire qu'il sait ce qu'il est puisque ce qui le définit c'est qu'il se croit autre que ce qu'il est – l'exacte définition du bovarysme théorisé par Jules de Gaultier (le quichottisme est un bovarysme, et parmi les plus riches ; il est étonnant que le philosophe français ait polarisé son attention sur le roman de Flaubert et fasse complètement silence sur celui de Cervantès). Un dénégateur disant qu'il est dans le déni ne nierait plus et ne serait donc plus dénégateur. Il est donc dans l'essence de celui qui ne sait pas qui il est d'affirmer avec véhémence : « Je sais qui je suis »... Mensonge à soi-même de qui ne sait pas la vérité sur lui !

Plus tard encore, Don Quichotte et Sancho Pança se trouvent mis en présence du barbier dévalisé. Polémique sur le plat à barbe que son ancien propriétaire revendique. Le chevalier s'adressant à son écuyer : « Rapporte le heaume que cet homme appelle un plat à barbe » (I.453). Maître Nicolas, un autre barbier, décide de pousser le dénégateur dans les derniers retranchements de sa logique déraisonnable. Il précise qu'il connaît bien toutes ces choses-là et affirme que le plat à barbe est bien un heaume – mais un heaume incomplet. Il épouse donc faussement la logique fausse du chevalier mais insère un grain de sable dans le raisonnement...

Que répond Don Quichotte à cette remarque ? Qu'il a bien constaté l'incomplétude : « Bien sûr, il en manque la moitié, c'est-à-dire la mentonnière » (I.455). Imparable : ce plat à barbe qui est un heaume (à moins que ce ne soit l'inverse...) est bien tel qu'il est, incomplet. Donc le réel de l'incomplétude est : le dénégateur ne nie pas le manque constatable et constaté. Mais il dénie la raison de ce manque : il ne s'agit pas de la découpe du métal pratiquée à dessein par l'artisan pour faciliter l'opération du barbier (ce qui avaliserait la thèse que ce plat à barbe est bien un plat à barbe...), mais d'une absence de mentonnière (ce qui renforce le déni et appuie la thèse du heaume...).

Don Quichotte en appelle à nouveau aux magiciens, aux enchanteurs auxquels on doit le trouble dans le réel et la subjectivité des perceptions individuelles. S'adressant au barbier floué, au barbier farceur, au curé et aux deux complices qui assistent à la scène, le chevalier dit : « Comme vous n'êtes pas armés chevaliers, il se peut que les enchantements de ce château n'aient pas prise sur vous et que, gardant l'esprit libre, vous puissiez voir les choses qui s'y passent telles qu'elles sont et non telles qu'elles me paraissent » (I.456). Autrement dit : Don Quichotte consent à l'idée que le réel puisse être vrai, mais il ajoute qu'il peut aussi être faux – et que ceux qui croient le réel vrai se trompent parce qu'on les trompe car il s'agit du faux et que, lui qui sait le réel faux, dit vrai parce qu'il connaît le mécanisme des enchanteurs. Il ne nie pas que les autres voient ce qu'ils voient, mais dit que leur vrai est faux ; il affirme que ce que lui voit, et les autres pas, est vrai, mais faux pour les autres, parce qu'ils ne font pas partie de la noblesse de la chevalerie. L'illusion est donc le vrai de ceux qui se trompent – mais les autres se trompent, pas lui.

Le mécanisme de dénégation oblige à cette logique : le dénégateur nie la négation de l'illusion par les autres, il affirme la vérité de son illusion et l'illusion de leur vérité – qui est la vérité. Il fonctionne selon l'ordre de la raison paranoïaque et, plutôt que de croire qu'il est le seul à se tromper alors que tous les autres diraient vrai, il préfère affirmer que lui seul dit vrai alors que tous les autres se trompent. Le vrai de tous sauf lui est erreur ; le faux de tous sauf lui est vrai. La dénégation suppose autisme et solipsisme – ce que dit Don Quichotte qui estime que tous se trompent, puisqu'il leur manque d'être... comme lui, chevalier.

Ce qui veut dire : si vous étiez comme moi, vous sauriez, comme moi je le sais, que vous vous trompez... Autrement dit : si vous étiez moi, vous ne vous tromperiez pas, mais comme vous êtes vous, vous ne pouvez que vous tromper... Ou bien encore : moi qui sais ce que je suis, je sais aussi ce que vous êtes, mais vous, vous ne savez pas ce que vous êtes, donc vous vous trompez, mais sans pouvoir le savoir. Le dénégateur est seul contre le monde entier. Quand tout montre qu'il se trompe de réel, c'est le réel qui se trompe, pas lui. Enfermé dans son ordre de raison déraisonnable, on peut bien lui raconter ce que l'on voudra : on se trompe, donc on le trompe. L'enchantement posé comme une vérité, un acte de foi, celui qui ne croit pas à ce postulat gratuit part toujours dans la mauvaise direction. Si l'on n'est pas chevalier, c'est-à-dire : si l'on ne croit pas, alors l'enchantement ne fonctionnera pas. Averti des mécanismes de la pensée magique, Freud lui-même affirmait qu'il fallait croire aux enchantements du divan pour qu'ils produisent leurs effets.

La troupe autour de Don Quichotte, ayant décidé de lui jouer un tour et d'abonder dans le sens de sa folie, propose de voter pour trancher le litige. Évidemment, le vote secret débouche sur une confortation de Don Quichotte – et sur un malaise augmenté du barbier qui ne comprend plus rien à rien… Trouble dans l'assistance. Puis bagarre généralisée – « tout n'était que pleurs, cris, désordre, frayeur, douleur, estafilades, bastonnades, coups de pied, coups de poing, effusion de sang » (I.458). Don Quichotte invite à la cessation des hostilités. Un comble, lui qui manque de raison affirme pour le déplorer : « aucun de nous ne veut entendre raison » (I.459) ! La raison étant, bien sûr, que ce plat à barbe était un heaume !

Le corps en papier d'une femme conceptuelle

Qui ne connaît Dulcinée du Toboso, ne serait-ce que de réputation ? Voilà une femme invisible que Don Quichotte voit partout où elle n'est pas et, de ce fait, qu'il présentifie à longueur de péroraison. Dès le début, il inscrit cette femme sous le registre de l'absence – Dulcinée est une absence sans cesse présente, comme ceux qui sont morts... Cette présence d'une absence prend toute la place dans la vie affective, sensuelle, amoureuse, libidinale de Don Quichotte qu'on imagine vierge pour ne rien savoir de son passé sexuel et pour ne voir en permanence qu'un présent saturé de chasteté, de renoncement, d'ascèse.

Quand Maritorne, la femme à muletiers, se trompe de lit et croit retrouver la couche d'un muletier aussi puant qu'elle, le chevalier refuse poliment, non pas à cause de l'odeur, mais parce qu'il en va de la grandeur du chevalier chrétien de vivre un amour pur – autrement dit : de ne rien vivre qui puisse être dit amour charnel... Don Quichotte excelle donc dans le respect de la prescription judéo-chrétienne de la chasteté ou du pur amour sans corps. Dulcinée ressemble étrangement à la Vierge Marie à laquelle il vouerait un culte.

Prêt à commencer son odyssée de chevalier errant, Don Quichotte s'écrie, tout seul : « ô, princesse Dulcinée, souveraine de mon cœur ! C'est grande offense que vous me fîtes en me bannissant de votre présence et en m'ordonnant avec tant de rigueur de ne plus paraître devant votre beauté. Puissiez-vous, madame, ne pas oublier ce cœur par vous asservi, et pour l'amour de vous souffrant mille peines » (I.49). Où et quand Dulcinée a-t-elle formulé pareille interdiction ? Nulle part ailleurs que dans le cerveau dérangé du chevalier ! Il avoue à un moment : « Depuis douze années que je l'aime comme la prunelle de mes yeux que la terre recouvrira un jour, je ne l'ai pas vue quatre fois ; et peut-être ne s'est-elle jamais aperçue que je la regardais » (I.243).

L'intelligence, la raison et le jugement formatés par les romans de chevalerie, Don Quichotte décide qu'il lui faut une dédicataire de ses exploits, une figure à honorer, une icône à laquelle dédier son errance et ses aventures : il va combattre, certes, il va triompher, bien sûr, mais il faut quelqu'un à qui pouvoir offrir les succès qui ne manqueront pas de venir ! Fidèle à son principe, à partir d'une femme réelle, Aldonza Lorenzo (I.243), et à son insu, bien évidemment, il s'invente une femme qui n'existe pas et lui donne plus de réalité qu'à toutes celles qui existent autour de lui.

Aussitôt dit, aussitôt fait : « Il y avait, semble-t-il, dans un village des environs, une jeune paysanne fort avenante dont il avait été quelque temps amoureux, mais qui, selon toute apparence, n'en avait jamais rien su et ne s'en était jamais soucié. Cette demoiselle, nommée Aldonza Lorenzo, devint la dame de ses pensées. Voulant pour elle un nom qui ne fût pas indigne du sien et annonçât la princesse ou la grande dame, il l'appela Dulcinée du Toboso, car elle était native de ce village. Et ce nom lui parut tout aussi harmonieux, singulier et significatif que ceux qu'il avait trouvés pour lui-même et pour son cheval » (I.47).
Dulcinée, c'est la douceur. On ne fera pas plus doux que cette femme, et pour cause : elle n'interviendra que sur le mode de l'absence. Dans les mille pages du roman, elle est une icône, une invention, une invocation, une figure idéale, un concept. Si l'amour est une chose difficile, voire impossible à vivre dans le réel, elle est une aventure formidable dans la fiction et l'illusion qu'elle appelle d'ailleurs pour être et persévérer dans son être. Il n'y a pas de plus grand amour que l'amour rêvé. La mort de Tristan et celle de Roméo empêchent qu'Isolde et Juliette ne triomphent dans le rôle de Madame Bovary !

Sancho est mandaté par son maître pour rendre visite à Dulcinée. Don Quichotte entreprend de lui faire parvenir une lettre – tout en sachant qu'elle ne sait pas lire. Sancho la connaît, il donne un portrait d'elle très empirique, aux antipodes du portrait transcendantal effectué par son maître : elle paraît solide et bâtie comme un homme, robuste et gaillarde comme un grand costaud, forte comme un taureau, elle peigne le chanvre et bat le blé comme un tâcheron, mais peu importe le portrait donné par l'écuyer. Don Quichotte affirme : « Il me suffit donc de décider et de croire que la bonne Aldonza Lorenzo est belle et honnête » (I.244). Ce que Don Quichotte veut, Dieu le veut – et le réel obéit à Dieu, comme chacun sait.

Don Quichotte écrit la lettre, la lit à Sancho pour qu'il l'apprenne par cœur au cas où il la perdrait – mais le valet avoue qu'il n'a pas de mémoire, et qu'il lui arrive même d'oublier son nom… Le grand échalas écrit et lit un texte qui s'avère un chef-d'œuvre ampoulé de déclaration d'amour d'un chevalier à la dame de ses pensées. Admiration du petit gros qui s'engage à obtenir une réponse positive de la dame – dût-il l'obtenir en lui bourrant le ventre à coups de pied. Les deux hommes se quittent, non sans larmes. Don Quichotte se déshabille, enlève ses chausses et, vêtu seulement de sa chemise, il effectue un double saut périlleux – « ce qui découvrit des choses telles que, pour ne plus les voir, Sancho tourna bride, jugeant qu'il pouvait désormais en toute impunité jurer que son maître était fou » (I.248). Il part en trottinant…

Arrivé à Toboso, Sancho s'arrête à l'auberge, affamé. Il y retrouve le barbier et le curé de l'autodafé. L'homme d'Église questionne l'écuyer qui raconte le motif de son voyage : il veut lire cette lettre, l'écuyer découvre alors qu'il a oublié de la demander à son maître – ce qui lui fait s'arracher les poils de sa barbe, se donner des coups et pousser des cris... Croyant se souvenir de son contenu, il commence une dictée au curé dans laquelle il confond tout, les mots et les idées, les phrases et les formules – la déclaration d'amour devient un cadavre exquis baroque... Sancho affirme que s'il réussit sa mission, Don Quichotte lui offrira ce qu'il lui a promis : la gouvernance d'un empire.

Sancho rentre sans avoir vu Dulcinée. Don Quichotte le presse de questions : ce qu'elle faisait, ce qu'elle a dit, ce qu'il a répondu, ce que disait son visage pendant qu'il lisait la lettre, qui l'a transcrite, tout, il veut savoir tout. Elle enfilait des perles ou brodait en fil d'or la devise de son chevalier ? demande Don Quichotte. Réponse de Sancho : non, elle vannait du blé dans la basse-cour. Ces grains de blé étaient des perles ? Non : du froment avec une portion de seigle. Cette farine aurait fait du pain blanc, affirme le maître... Elle a porté la lettre à ses lèvres ou sur son cœur pour l'embrasser ? Non, elle vannait, elle a crié qu'il pose sa lettre en disant qu'elle la lirait plus tard – « c'était sûrement pour la lire tout à loisir et mieux s'en délecter » (I.309), quichottise le chevalier. Elle a

montré une vive curiosité pour l'auteur du courrier ? Non, elle n'a rien demandé. Elle est grande dit Sancho – il s'en est aperçu quand il l'a aidée à mettre un sac de blé sur son âne –, la haute taille est rehaussée par la grandeur de son âme, surenchérit l'amoureux transi… Elle sentait bon les parfums de toute l'Arabie ? Non, la sueur… Nouvelle quichottisation : « Tu te trompes Sancho ; ou tu étais enrhumé, ou tu as confondu avec ta propre odeur. Je connais trop le parfum de cette rose au milieu des épines, de ce lis des champs, de cet ambre en fusion » (I.310) – pourquoi pas, dit Sancho qui veut la paix… Après son travail, elle a lu la lettre ? Non, elle a dit ne savoir ni lire ni écrire, elle l'a déchirée en mille morceaux – pour éviter qu'on connaisse ses secrets, quichottise cette fois-ci Sancho qui veut vraiment avoir la paix…
Poursuivant dans ce registre, l'écuyer abonde dans le sens de son maître. Mais pratiquer volontairement la dénégation, cela s'appelle mentir, cependant que la pratiquer involontairement nomme une pathologie – appelons-la *quichottisme*… Sancho ment donc pour bercer son maître d'illusions : elle a pris connaissance de l'existence du chevalier, de son amour, de sa pénitence, de son ascèse ; elle lui baise la main ; elle a moins envie de lui écrire que de le voir ; elle le conjure de quitter cette vie dans les broussailles pour revenir à Toboso (où elle le verrait alors, mais où, aussi, Sancho retrouverait les siens…) ; elle a vu

des témoins des exploits du chevalier à la Triste Figure – elle a ri de cette expression... Elle a offert un « joyau de prix en reconnaissance du message » (I.311), comme c'est la tradition dans les romans de chevalerie ? demande Don Quichotte. Non, elle a donné un bout de pain et un peu de fromage de brebis – « preuve de son extrême libéralité » (*id.*), commente l'amoureux.
Don Quichotte s'étonne de la brièveté du trajet de son serviteur : il a été parti peu de temps. Un effet probable de l'enchanteur, évidemment, qui aura facilité, sans qu'il s'en aperçoive, la tâche de Sancho, un coup de pouce magique (en l'occurrence : un voyage rapide par les airs...) effectué uniquement pour être agréable au chevalier. Sancho acquiesce : il lui a en effet semblé que sa monture avait du vif-argent dans les oreilles. « Don Quichotte s'arrête, à la plus grande satisfaction de Sancho, qui en avait assez de dire des mensonges et craignait à tout instant de se trahir. Il savait seulement que Dulcinée était une paysanne du Toboso ; mais il ne l'avait jamais vue de sa vie » (I.314).

Dans un chapitre fort drôlement intitulé « Où l'on raconte ce qu'on y lira » (II.67), Don Quichotte, ayant décidé de rencontrer la dame de ses pensées, entre enfin dans Toboso. Nuit claire, silence, tout le monde dort. Un chien aboie, un cochon grogne, des chats miaulent, le chevalier demande à Sancho, puisqu'il est censé avoir visité Dulcinée, de le guider vers le château de sa belle. Le château ? Une masure, dit l'écuyer... Impossible : l'un des appartements de son grand palais, selon Don Quichotte. Une grande tour ? C'est l'église paroissiale... Sancho se souvient d'un cul-de-sac ; mais comment un palais pourrait-il se trouver au fond d'un cul-de-sac ? Le petit gros dit au grand maigre qu'il a dû aller des milliers de fois dans ce château. Don Quichotte répond : « Combien de fois t'ai-je répété, espèce d'hérétique, que de toute ma vie je n'ai jamais vu l'incomparable Dulcinée, ni franchi le seuil de son palais ? Je suis tombé amoureux d'elle par ouï-dire, pour avoir entendu vanter sa beauté et sa sagesse » (II.68).

Connaître par ouï-dire ? Le lecteur de Spinoza sursaute ! N'est-ce pas, dans la hiérarchie des trois modes de connaissance, le premier et le moins sûr de tous ? Dans le *Traité de la réforme de l'entendement* (écrit en 1661), Spinoza distingue en effet quatre modes de connaissance – pour trois dans *Éthique* (publié en 1677) : par imagination, par raison, par intuition. Dans le livre le plus ancien, la connaissance par ouï-dire est la moins performante. Viennent ensuite la connaissance acquise par une expérience vague non déterminée par l'entendement ; la connaissance où l'on conclut l'essence de la chose d'une autre chose, mais non adéquatement ; la connaissance où la chose est perçue par sa seule essence. Mais peu importe... Retenons que ni l'œuvre ni la correspondance de

Spinoza ne citent le *Don Quichotte*. Mais l'on sait que Cervantès était dans sa bibliothèque.

Un spinoziste affirmerait que Don Quichotte commencerait mal son aventure amoureuse en revendiquant la connaissance par ouï-dire, la moins adéquate pour parvenir à un savoir digne de ce nom. Lecteur de Spinoza (ce que la chronologie interdit, Cervantès est mort depuis soixante et un ans quand paraît *Éthique*), Don Quichotte aurait appris que « la connaissance du premier genre est l'unique cause de la fausseté » (II. Proposition XLI). Avec moins de science et de détours sophistiques, Sancho Pança parvient à la même conclusion : il ne l'a pas vue, ce qu'il a dit d'elle à son maître procédait du même genre de connaissance : « Moi aussi c'était par ouï-dire que je la voyais, et par ouï-dire la réponse que je vous ai rapportée ! » (II.69). Or, une somme de ouï-dire ne saurait constituer un début de vérité.

Comme Sancho sait que le plat du barbier n'est pas le heaume de Mambrin, ou que les moulins ne sont pas des géants, il sait que Dulcinée n'existe aussi que par ouï-dire... Que faire quand son maître lui demande de partir à sa recherche, de lui parler et de la ramener avec lui ? Comment trouver et amener avec soi ce qu'on sait pertinemment ne pas exister ? Une fiction ne se résoudra pas à venir rencontrer un chevalier ; le ouï-dire chevaleresque ne deviendra jamais une connaissance tangible du troisième genre !

Qu'à cela ne tienne. À fou, fou et demi, Sancho décide d'un stratagème enchanteur... Il va tâcher de faire prendre à Don Quichotte n'importe quelle femme pour Dulcinée. Voici le raisonnement de l'écuyer : « Mon maître m'a donné mille fois la preuve qu'il est fou à lier. Et moi, je suis encore bien plus fou puisque j'accepte de le suivre et de le servir. [...] Donc, puisqu'il est fou, de ces fous qui prennent le plus souvent une chose pour l'autre, et disent blanc quand c'est noir et noir quand c'est blanc – comme quand il prétendait que les moulins à vent étaient des géants, les mules des religieux des dromadaires, les troupeaux de moutons des armées ennemies, et un tas d'autres choses de ce goût-là –, il ne me sera pas bien difficile de lui faire croire que la première paysanne qui croise mon chemin est Mme Dulcinée. Et s'il ne le croit pas, je le jurerai. Et s'il me jure le contraire, je n'en démordrai quand même pas. Et s'il s'entête, je serai encore plus têtu que lui, jusqu'à ce que j'aie le dernier mot. J'espère que ça le convaincra de ne plus jamais m'envoyer jouer les messagers. À moins qu'il s'imagine, comme je le crains, qu'un de ces enchanteurs qui soi-disant lui veulent du mal aura changé l'apparence de sa Dulcinée pour lui jouer un mauvais tour » (II.73-74). Où l'on mesure toute la sagesse pratique de Sancho Pança et où l'on entrevoit ce que peut être le *sanchopançisme* – sur lequel je reviendrai.

Il ne va donc pas à Toboso, attache son âne, se repose au pied d'un arbre et attend. Arrivent trois villageoises grimpées sur des ânes. Il trottine vers son maître et lui annonce l'arrivée de la dame de ses rêves. Il décrit le tableau : la dame et ses suivantes, des beautés parées comme des princesses, des perles et des diamants à profusion, des brocarts majestueux, de longs cheveux blonds, des chevaux magnifiques. Arrivent les trois paysannes montant leurs bourricots. Sancho Pança joue alors le rôle de Don Quichotte : « Est-il possible que trois *hacanées* [MO : il écorche les mots, il veut dire *haquenées*...] – ou comme on les appelle –, aussi blanches que la neige, vous paraissent des bourriques ? » (II.75).
Don Quichotte joue alors le rôle de Sancho Pança, la dialectique se trouve donc à front renversé : « Je te répète, Sancho, que ce sont des bourricots ou des bourriques, aussi vrai que je suis Don Quichotte et toi Sancho Pança. Du moins, c'est ainsi que je le vois » (*id.*). Les trois paysannes arrivent, Sancho file la supercherie : il s'agenouille devant un laideron au visage bouffi et au nez camard, fait sa présentation et sa révérence, annonce son maître et ses qualités. Énervement des trois filles qui menacent d'étriller l'écuyer et qui insultent le tandem. Désolation de Don Quichotte qui entre dans la supercherie et affirme qu'un enchanteur « a mis nuages et cataractes sur mes yeux, transformant pour eux seuls ton visage d'une beauté

sans pareille en celui d'une pauvre paysanne » (II.76). Il s'adresse ainsi au laideron qu'il prend pour Dulcinée : « Je te supplie, s'il ne m'a pas moi-même changé en monstre pour me rendre abominable à tes yeux, de me regarder avec douceur et amour, voyant qu'à genoux mon âme vient humblement adorer ta beauté contrefaite » (*id.*).

L'enchantement a marché et le nom de l'enchanteur est Sancho Pança... Les filles continuent leur chemin. Don Quichotte peste contre la méchanceté des enchanteurs qui, poursuivant dans le mal, ont fait de telle sorte qu'il n'a pu voir la vérité de Dulcinée dissimulée sous le mensonge de la laideur. Une fois encore, le chevalier prend ses désirs pour la réalité ; mais cette fois-ci, l'écuyer a pris les désirs de son maître pour en faire la réalité qu'il attendait. Il sait quelle vérité est celle de son compagnon : elle est la fausseté qu'il constate. Le vrai de Don Quichotte, c'est le faux de Sancho ; et *vice versa*. Abuser le dénégateur est facile, il suffit d'entrer dans sa dénégation.

Don Quichotte ajoute que la méchanceté des enchanteurs est sans limite, car ils ne se sont pas contentés de cacher la beauté de Dulcinée sous la laideur d'une paysanne contrefaite, ils ont ajouté un autre maléfice. Le chevalier raconte : « Ils l'ont privée de ce qui est l'apanage des grandes dames, je veux dire la bonne odeur qu'elles ont toutes, entourées qu'elles vivent de parfums d'ambre et de fleurs. Car je t'avoue que lorsque je me suis approché de Dulcinée pour la remettre sur ce que tu appelles sa haquenée, mais qui, pour moi, n'est qu'une bourrique, elle m'a envoyé une bouffée d'ail cru qui m'a soulevé et empesé le cœur » (*id.*). Fausse indignation de Sancho qui précise : « Il ne vous suffisait pas, crapules, d'avoir changé les perles des yeux de ma dame en glands de chêne, ses cheveux d'or pur en crins de vache rousse et finalement toute sa beauté en laideur, il fallait que vous touchiez aussi à son odeur » (II.78). La bonne odeur qui accompagne le corps des vierges, des saintes, des martyrs qui sont morts en odeur de sainteté, justement, a été masquée par les enchanteurs qui ont transformé le parfum suave en forte odeur d'ail. Don Quichotte a marché ; Sancho Pança rit sous cape.

Si Dulcinée est une duplication de sainte, à défaut d'être la Vierge elle-même, donc une femme inaccessible, inexistante, une créature de rêve, elle dispose dans le roman de Cervantès de son antithèse : Marcelle, une incroyable femme qu'on dirait aujourd'hui féministe. La Dulcinée fabriquée par la mythologie chrétienne n'existe donc pas : beauté, douceur, grâce, délicatesse, bonté, aménité, patience, dévouement, innocence, pureté, voilà autant de fictions vantées par le christianisme, mais moquées par Cervantès. La Vierge est une fiction, la Sainte également, Dulcinée qui participe de ces deux illusions en est une autre.

Voilà pourquoi elle n'existe que dans l'imagination d'hommes naïfs et abusés.

En revanche, il existe une antithèse à la Vierge : Marcelle, qui est un genre de réincarnation d'Ève, la femme qui choisit, veut, décide de son destin. On dit qu'un jeune homme, beau, riche héritier, intelligent, cultivé, diplômé de l'université de Salamanque, auteur de chansons, répondant au nom de Chrysostome, s'est donné la mort pour elle, parce qu'elle refusait son amour. Il a demandé à être enterré là où il l'a rencontrée pour la première fois. Rentré de la ville, il s'était habillé en berger pour séduire Marcelle, orpheline de bonne heure, élevée par son oncle curé, riche héritière elle aussi, belle, courtisée par nombre de jeunes garçons, souvent intéressés par sa fortune.

Marcelle devint un jour bergère et allait avec les filles du village garder son troupeau. Sa beauté était connue des kilomètres à la ronde. Il n'est pas un arbre alentour sur lequel son nom ne soit gravé. Marcelle est chaste, prude, bien élevée, elle évince les prétendants les uns après les autres. Bien sûr, les garçons éconduits la traitent d'ingrate, de cruelle, d'orgueilleuse, d'intraitable, de fière, de dédaigneuse, on lui prête une étrange humeur. Ambroise, l'ami de Chrysostome, parle de Marcelle comme d'une « mortelle ennemie du genre humain » (I.124).

Chrysostome a composé un poème dans lequel il n'a pas de mots assez durs contre Marcelle : il parle de cruauté, de fiel et de venin, de méchanceté, d'injuste rigueur, d'ingratitude, de serpents et de reptiles, de dédain, de blessure, de haine. Il annonce qu'il va se donner la mort et dit à celle qu'il prétend aimer mais qu'il hait parce qu'elle ne l'aime pas : « Mais pourquoi t'avertir, pourquoi craindre ta peine, / Quand je connais trop bien la force de ta haine, / Quand ton plus cher souhait, c'est de me voir périr, / Victime des tourments, des affres du désir » (I.129). Où l'on voit la mécanique du désir – mieux, la mécanique haineuse de qui voit son désir refoulé. Car, pourquoi tant de haine ? Parce qu'une femme libre exerce sa liberté et ne succombe pas au désir d'un prétendant ?

Alors que ses amis lisent les vers du poète au pied de son cadavre accompagné de livres, de poèmes à la gloire de la femme qui préfère sa liberté au mariage, Marcelle apparaît – plus belle que jamais. Puis elle prend la parole et tient un discours qu'on dirait aujourd'hui féministe, d'une ampleur inégalée en ce début de XVIIe siècle : elle vient pour se défendre de toutes ces accusations – elle ne peut être tenue pour responsable du suicide de ce garçon parce qu'elle se serait refusée à lui. Elle affirme qu'on dit d'elle qu'elle est belle, ce qui induirait qu'on l'aime et l'obligerait à répondre positivement à cet amour. Si elle était laide, trouverait-on normal qu'elle se plaigne qu'on ne l'aime pas ? La beauté n'est pas choisie, voulue, mais donnée

– comme le venin d'un serpent, elle est en vertu du vouloir de Dieu.

Elle dit : « Je suis née libre, et c'est pour garder cette liberté que j'ai choisi la solitude des champs » (I.132). Elle ne veut ni le mariage, ni l'amour d'un homme, ni le couple, ni les enfants, mais la liberté conservée et le contact avec la nature. Elle dit, magnifique : « J'ai le goût de la liberté et ne veux pas être asservie » (I.133). Elle entend mourir vierge, enterrée à même la terre de cette nature qu'elle aime par-dessus tout. Est-ce péché ? Quand les hommes viennent lui déclarer leur flamme, comme Chrysostome, elle affirme ne leur donner aucun espoir et les décourager. Dès lors, le coupable est moins celle dont on déplore la cruauté que celui à qui l'on peut reprocher son obstination. Chrysostome est moins mort de la méchanceté de cette femme que de son propre entêtement.

Si l'on se souvient de l'étymologie, voilà bien une profession de foi *libertaire* ! Marcelle est l'exacte antithèse de Dulcinée : l'une est femme de chair, réelle, femme de verbe, femme de conviction, femme d'honneur et de vertu, femme panthéiste si l'on veut, femme libre qui ne se définit pas par son époux, ses enfants, la situation sociale de son mari, ni par son lignage, sa fortune, ses biens, sa réputation, ni par ses quartiers de noblesse, ni par tout ce qui définit le mondain. Elle est femme des champs et des forêts, des bois et des montagnes, des troupeaux et des ciels d'azur, elle est femme qui ne sera la femme de personne – un peu moins d'un siècle avant, cette bergère incandescente annonce Gabrielle Suchon, nonne défroquée, philosophe autodidacte qui publie *Du célibat volontaire ou La vie sans engagement* (1700).

L'autre femme, Dulcinée, est femme de papier, femme conceptuelle, femme idéalisée, sans chair et sans os, femme entièrement construite à la main de l'homme qui la veut ainsi, qui la pense comme ça, qui l'exige telle. Don Quichotte lui prête les attributs de Dieu : omniprésente, omnipotente, bien que présente nulle part et ne pouvant rien. Elle serait belle… comme Marcelle, mais personne n'a jamais vu sa beauté. Pour le chevalier errant, elle trônerait comme la femme de ses pensées, mais ses pensées vagabondent, elles sont nulle part et partout. Marcelle est un modèle de femme libre ; Dulcinée, un archétype de femme au service du mâle qui la possède.

Marcelle termine ainsi son discours sur la montagne : « Que cet avertissement serve en général à quiconque me sollicite pour son plaisir particulier. Et que l'on sache bien que si quelqu'un meurt pour moi, ce ne sera ni de jalousie ni de désespoir. Car qui n'aime personne ne peut rendre jaloux ; et ce n'est pas dédaigner quelqu'un que de le détromper. Celui qui me traite de furie ou de bête sauvage, qu'il me fuie comme une chose haïssable et nuisible ; qui me nomme ingrate cesse de me servir ; qui m'accuse d'indifférence ne me courtise pas ; qui me trouve cruelle n'essaie point de me suivre. Cette furie, cette bête sauvage, cette ingrate, cette cruelle, cette indifférente ne veut ni les chercher, ni les servir, ni les connaître, ni les suivre » (I.133). Puis la beauté disparaît aussitôt dans les bois – crétins, quelques-uns qui venaient de l'écouter manifestent leur désir de la suivre. Don Quichotte met la main à l'épée et menace quiconque s'aviserait de le faire. Cette Marcelle en beauté, réelle, concrète, surpassait Dulcinée en papier, idéale, conceptuelle. Mais Don Quichotte vit dans le transcendantal – et Marcelle dans les forêts.

Naïf le naïf qui stigmatise les naïfs dont il est

Il existe une politique de Don Quichotte. Je ne parle pas d'une politique quichottesque, mais d'une politique du héros de Cervantès. Une politique quichottesque désigne presque un oxymore : quichottisme *le projet libéral* qui suppose que la liberté du marché engendre automatiquement, par l'effet d'une main invisible, héritage déiste du siècle des philosophes, une homéostasie sociale produisant la propriété pour tous, la prospérité pour tous, la liberté pour tous, le bonheur pour tous, alors que propriété, prospérité, liberté et bonheur restent des denrées rares réservées à une poignée pendant que le plus grand nombre connaît la pauvreté, la gêne, la servitude et le malheur à cause du marché libre ; quichottisme *le projet communiste* qui part d'un postulat anthropologique faux (l'homme est naturellement bon, la société le corrompt, changeons la société, l'homme deviendra bon) pour viser un état illusoire bien que généreux (disparition de la propriété, de l'exploitation, de la misère, de l'esclavage, de la guerre, de la négativité) et qui n'obtient dans les faits qu'une aggravation de l'état de départ qu'on voulait abolir (société policière, militarisation de l'État, socialisme des barbelés et des miradors, aristocratie de la bureaucratie) ; quichottisme *le projet fasciste* avec son homme nouveau (idéal partagé avec les marxistes-léninistes), son obsession de la pureté du sang, des vertus de l'ascèse, de la communauté Une et de la fin du divers subsumé sous l'ordre de la Race, du Peuple, de l'État, de la Nation ; quichottisme *le projet social-démocrate* qui marie la carpe capitaliste et le lapin socialiste pour n'avoir que le pire du capitalisme (les pleins pouvoirs de l'argent) et le pire du socialisme (les pleins pouvoirs de la bureaucratie), le tout permettant au capital de faire la loi pendant que le peuple reste coi sous prétexte qu'avec le partenaire libéral d'en face ce serait pire ; quichottisme *le projet anarchiste* d'une société où les hommes vivraient d'amour après une révolution simple, facile, logique, dans laquelle les loups deviendraient des agneaux, les seigneurs de guerre des saint-bernard, les capitaines d'industrie des partisans de la veuve et de l'orphelin, les banquiers des acteurs de la solidarité et de la fraternité entre les peuples, les curés de tous bords des philosophes pleins de raison ; quichottisme *le projet souverainiste*, de droite et de gauche, inspiré par de Maistre ou Robespierre, qui imagine le pays seul au monde, flottant dans l'éther de l'histoire et de la géographie, comme une idée pure, un concept inaccessible au temps, au réel, à la durée,

au reste du monde, et qui vibre aux sirènes des discours qui rappellent que le passé sentait bon la madeleine proustienne et la naphtaline ontologique ; quichottisme *le projet écologiste* qui, fils naturel du projet souverainiste, imagine que les pays industriels gavés, repus, rassasiés, pourraient sauver la planète en optant pour la décroissance pendant qu'une multitude de pays sur la planète cent fois plus dévoreurs de nature n'aspirent qu'à connaître l'état de béatitude des repus, des gavés, des rassasiés que nous fûmes...
Les civilisations sont mortelles, elles durent le temps d'une vie d'éphémère au regard de l'éternité des astres. Notre civilisation disparaît, elle coule comme le *Titanic*, car elle a fait son temps. Quichottisme, donc, toute politique qui croit qu'on peut changer le cours vital des choses : une même force parcourt les lichens et les civilisations, cette énergie s'épuise, elle n'est pas en quantité infinie dans un même lieu, elle se déplace, bouge. Sumer, Assur, Babylone, Alexandrie, Athènes, Rome, Paris, c'est fini ; l'histoire se dit ailleurs – quichottisme de ne pas le voir et de faire comme si l'on pouvait faire remonter les fleuves vers leur source. Seul est possible un *comportement libertaire* dans la configuration du naufrage qui s'avère la nôtre. Sancho le montre en acte dans son art de gouverner un archipel, puis dans sa sagesse à quitter le pouvoir sur le monde pour se soucier désormais du pouvoir sur lui-même.

Je ne parle donc pas de politique quichottiste, mais de la politique de Don Quichotte telle qu'elle apparaît dans l'épisode des galériens. Le chevalier croise sur sa route une dizaine de forçats menottés et enchaînés par le cou à leurs semblables. Une garde de quatre hommes lourdement armés les accompagne. Métaphore évidente de la servitude et de son cortège : les chaînes, les fers, quatre gardiens, deux à pied, deux à cheval, pour un peu plus du double d'hommes, les piques, les épées, les arquebuses, les chevaux des gardes-chiourme. Ces hommes partent aux galères.

Don Quichotte s'étonne que le roi utilise la force contre certains de ses sujets. Sancho précise qu'il s'agit de gens condamnés pour des crimes à rejoindre les galères. Don Quichotte veut bien, mais il constate ce qui lui semble insupportable : ces gens sont conduits de force et non de leur plein gré. Il ajoute : « Voici donc une affaire qui me concerne, car mon métier est d'empêcher que l'on fasse violence aux misérables et que l'on opprime les nécessiteux » (I.202). Sancho trouve qu'une punition pour un crime n'est pas violence mais justice et que justice ne saurait être oppression.

Le chevalier aimerait savoir quels motifs conduisent ces malheureux aux galères. Un jeune homme de vingt-quatre ans écope de cent coups de fouet sur les épaules et de trois années à ramer sur l'océan pour avoir subtilisé un panier de beau linge. Un autre a volé des bestiaux : deux cents coups de fouet et six ans de galères. Ses compagnons de chaînes le persécutent car il a avoué le forfait. Un troisième part pour cinq ans pour une dette modeste. Un quatrième, vieillard à la barbe blanche, va ramer quatre ans pour proxénétisme – une profession que Don Quichotte souhaiterait réglementer, pour l'officialiser ! On dit aussi que cet homme aux cheveux blancs et à la longue barbe était un peu sorcier. Et Don Quichotte, qui croit aux enchanteurs, de dire qu'il n'existe pas de sorciers : « Je sais qu'aucune sorcellerie au monde ne peut infléchir ni forcer notre volonté, comme le pensent quelques naïfs : nous avons tous notre libre arbitre, et il n'y a ni plantes ni sortilèges qui contraignent » (I.206). Naïf le naïf qui stigmatise les naïfs dont il est…

Un cinquième, beau parleur et sachant le latin, a été condamné pour six ans parce qu'il s'est donné du bon temps avec deux filles qui étaient ses cousines germaines, deux autres filles qui étaient sœurs, qu'il a eu des enfants et qu'on ne sait plus qui est à qui dans cette aventure ! Un autre, surchargé de fers avec chaînes et carcans qui entravent tant ses mouvements qu'il ne peut ni porter les mains à la bouche, ni baisser la tête, en a prit pour dix ans : il semble avoir commis plus de délits que tous les autres réunis et a raconté son aventure dans un livre intitulé *La Vie de Ginès de Passemont.*

Puisque Don Quichotte est sur terre pour honorer le vœu « de défendre les faibles et de les protéger contre l'oppression des plus forts » (I.209), utilisant d'abord la courtoisie et la politesse, la sagesse et la douceur, il sollicite la bienveillance des gardiens pour libérer ces forçats ! Pour quelles raisons ? « Il n'est pas juste de réduire au rang d'esclaves ceux que Dieu et la nature ont faits libres » (*id.*). Dans le ciel, Dieu châtiera qui Il voudra ; sur terre, les hommes n'ont pas à se substituer à Lui. S'ils n'obtempèrent pas, le chevalier saura tirer son épée du fourreau. Rire des gardes-chiourme qui invitent le chevalier à céder le passage. Don Quichotte, évidemment, attaque comme un chien fou – pendant que les galériens, ayant compris que l'occasion ne se présenterait pas deux fois, brisent leurs chaînes. Ginès de Passemont, libéré par Sancho, s'empare du fusil d'un commissaire tombé à terre, le met en joue. Les autres gardiens prennent la fuite. Prévoyant les représailles, Sancho invite son maître à déguerpir au plus vite. Refus de Don Quichotte.

Le chevalier réunit les galériens autour de lui et leur tient un discours iréniste : il en appelle à leur gratitude (la chose du monde la moins partagée...), à leur sens de l'honneur, à leur dette à son endroit, et leur demande de se rendre à Toboso pour montrer à Dulcinée les chaînes dont lui, le héros, les a débarrassés. Ensuite, ils pourront faire ce qu'ils voudront de leur liberté. Don Quichotte demande donc aux galériens, d'abord qu'ils comprennent son éthique chevaleresque, ensuite qu'ils la pratiquent avec lui, pour lui.

En précurseur de Rousseau, de Robespierre et de Saint-Just, Don Quichotte libère l'humanité opprimée, mais lui demande pour tout paiement de souscrire à la Vertu – « la chevalerie est une religion » (II.66), le rousseauisme et le jacobinisme aussi. Faut-il s'étonner du refus de la plèbe libérée ? Elle veut bien réciter quelque douzaine d'*Ave Maria* et de *Credo* à l'intention de la dame des pensées du chevalier, mais pas question de se rendre en procession à Toboso, un voyage au cours duquel la police ne manquerait pas de les cueillir. Réponse de Don Quichotte pour une fois en colère et grossier : « Puisqu'il en est ainsi, monsieur le fils de putain, sieur Ginésille de Pacotille, ou de je ne sais trop quoi, vous irez là-bas tout seul, la queue entre les jambes, et avec toute la chaîne sur le dos ! » (I.211).

Le chef des galériens fait un signe à sa troupe qui lynche le chevalier. « Quant au pauvre Rossinante, il n'obéissait pas plus à l'éperon que s'il avait été coulé dans le bronze. Sancho se mit derrière son âne et s'en fit un rempart contre le nuage de grêle qui s'abattait sur eux ; mais son maître ne put éviter de recevoir bon nombre de ces projectiles, lancés avec tant de force qu'il en fut renversé par terre » (I.212). L'un d'entre eux s'empare du plat à barbe que porte Don Quichotte qui croit toujours qu'il s'agit du heaume de Mambrin, et s'en sert pour le rouer de coups. Le chevalier et son maître se retrouvent à demi déshabillés. Le grison, Rossinante, Sancho accusent le coup, terrorisés, tremblants, ainsi que « Don Quichotte, tout contrit de se voir maltraité par ceux-là même à qui il avait fait tant de bien » (I.212). Sancho fera mieux…

La fiction qui réjouit contre la vérité qui accable

De la même manière que le roman de Rabelais comporte une utopie politique avec Thélème, l'œuvre de Cervantès contient la sienne avec l'île de Baratarie – une toponymie issue de *barato* qui signifie… bon marché ! Elle permet d'accéder à l'âme de Sancho Pança et à ce que le philosophe existentialiste chrétien Miguel de Unamuno (qui, lui, se réclamait du donquichottisme chrétien…) appelait « le sanchopancisme philosophique ». On y découvre le peuple, sa force et sa puissance, sa naïveté et ses aspirations, son bon sens et son réalisme.

Là où Don Quichotte incarne la folie du transcendantal, la déraison de l'idée pure, le délire du concept éthéré, flottant dans l'espace mental pour le saturer, Sancho Pança personnifie la raison raisonnable, la logique empirique, la démarche pragmatique – autrement dit, les bêtes noires de la philosophie dominante en Occident. L'un, chrétien, est une figure de l'idéal ascétique, une icône de l'apollinisme et de la mesure mathématique de son rêve, un tenant de la métaphysique platonicienne pour lequel l'idée qui dit le monde a plus de vérité que le monde ; l'autre, païen, prend en charge l'hédonisme, il exprime le dionysisme et la joie du ventre (il ne se nomme pas Pança par hasard...), et son ontologie est matérialiste – il croit plus vrai le monde que les idées qui sont censées le dire.

Sancho apparaît tard dans le roman. Sans lui, Don Quichotte a déjà transformé une auberge en château, puis l'aubergiste et deux prostituées en châtelain accompagné de ses deux princesses, il a déjà requis un aubergiste pour en faire son parrain d'armes lors de la cérémonie piteuse d'investiture en chevalerie, il a déjà erré et pris la défense d'un jeune berger fouetté par son maître, il a déjà provoqué des marchands venus de Tolède à qui il a intimé l'ordre de reconnaître que Dulcinée était la plus belle femme du monde, il a déjà subi son premier passage à tabac à l'issue de ce premier exercice de chevalerie, il a déjà subi l'autodafé de sa bibliothèque, il a déjà invoqué les maléfices d'un enchanteur – c'est alors qu'il recrute Sancho Pança.

Cervantès écrit : « Don Quichotte avait sollicité les services d'un paysan de son village, un homme de bien – si tant est qu'on puisse donner ce titre à un pauvre –, mais qui n'avait pas grand-chose dans la cervelle. À force de belles paroles et de promesses, il finit par persuader ce brave homme de partir avec lui et de lui servir comme écuyer » (I.82). Parmi ces promesses : le gouvernement de l'archipel qu'il ne manquerait pas d'obtenir par ses combats valeureux. Don Quichotte ajoute : « Si toi et moi sommes en vie, il se pourrait qu'avant six jours j'ai conquis un empire composé de plusieurs royaumes ; ce qui tomberait à pic, car je t'en donnerais un, dont tu serais couronné roi » (I.83).

La folie de Don Quichotte, la dénégation, empêche un vice qui est le mensonge : prendre ses désirs pour la réalité suffit, nul besoin de dire de la réalité qu'elle n'a pas dit ce qu'elle dit une seconde fois. La première suffit. Don Quichotte ne ment jamais – Sancho, si, parfois, mais pour le bien de son maître, on l'a déjà vu. Donc : gagner un empire, le tout en autant de temps qu'il en a fallu à Dieu pour créer le monde, homme compris, offrir l'un des morceaux de celui-ci à gouverner au paysan fraîchement devenu écuyer, voilà non pas un mensonge, mais un nouvel effet du déni de réalité. Le chevalier ne ment pas à son valet en lui faisant miroiter le trône d'une terre qu'il gagnera – il croit dur comme fer que sa vertu, sa valeur, son courage, sa bravoure, sa détermination, sa foi, feront des miracles. Loin de toute logique mensongère, en promettant ce cadeau politique, Don Quichotte embarque Sancho dans sa déraison, il lui fait prendre ses désirs pour la réalité, il lui communique son mal, il lui propose de partager sa folie. Et ça marche…

Le valet dit que lui et son âne acceptent, ce qui rend le chevalier dubitatif : y a-t-il exemple dans les romans de chevalerie d'un héraut accompagné par un écuyer chevauchant un bourricot ? À défaut de réponse, Don Quichotte et son cheval, Sancho et son âne, partent au petit matin pour les aventures que nous savons... Épousant le délire de son maître, Sancho se prend à imaginer que sa femme, Juana Guttierez, deviendrait reine, son fils prince et sa fille princesse – tout en doutant que sa femme le puisse car il estime que, « comme reine, elle ne vaut pas deux sous » (I.83). Où l'on voit que Sancho garde sa lucidité, ce qui n'empêche pas le désir.

Sancho va aller de désillusion en désillusion. Il commence en croyant en Don Quichotte à qui il manifeste son emballement d'avoir « un aussi bon maître que vous, qui va me donner ce qu'il me faut et ce qui me convient le mieux » (I.83). En fait, il va lui donner l'occasion de prendre des coups, de se couvrir de ridicule, d'être berné, trompé, moqué. À l'approche d'un combat, Sancho espère son archipel. Son maître lui répond : « Apprends que dans ces aventures de grands chemins, on ne reçoit pas d'archipels et on y gagne de se faire casser la tête ou d'avoir une oreille en moins. Mais prends patience ; il s'en présentera d'autres, où je t'élèverai à une dignité encore plus haute que celle de gouverneur » (I.100).

Parfait exemple de logique quichottesque : dans l'absolu, le combat conduit à l'obtention d'un gouvernorat ; mais dans le relatif, il mène plus aux coups qu'à l'archipel ; cependant, dans un futur plus absolu, il y aura d'autres combats qui conduiront à plus et mieux qu'à l'archipel. Autrement dit, dialectique imparable : promesse idéale, abandon concret de la promesse au profit d'une promesse suridéale… Le réel ne doit pas embarrasser quiconque est animé par un si bel idéal ! Sancho n'est pas encombré par l'idéal : il n'a jamais lu aucun livre pour la bonne et simple raison qu'il ne sait pas lire.

Don Quichotte découvre à Sancho le secret de « l'élixir de Fier-à-Bras » (I.101). Il s'agit d'un liquide magique grâce auquel on évite les blessures et la mort ! Il fonctionne comme un genre de colle magique puisque le chevalier, très sérieux, raconte qu'il pourra lui arriver de perdre un membre sur un champ de bataille (Cervantès y a perdu un bras…), il faudra alors que Sancho le ramasse, le recolle sur le corps amputé et donne à boire deux gouttes de cette formidable potion pour que tout rentre dans l'ordre ! Le valet propose d'échanger la promesse d'un archipel contre la réalité de la recette qu'il pourrait commercialiser ici et maintenant. Sans suite.

Plus tard, Don Quichotte fabrique l'élixir : en fait, un simple mélange d'huile, de vin, de sel et de romarin… Il réalise l'assemblage, en remplit une burette en fer-blanc prêtée par un aubergiste, puis « il récita sur la burette plus de quatre-vingts *Pater* et autant d'*Ave Maria*, de *Salve* et de *Credo*, accompagnant chaque parole d'un signe de croix en guise de bénédiction » (I.155) – pour qui douterait encore du caractère très chrétien du chevalier et de la charge satirique de Cervantès contre le christianisme, l'information mérite d'être retenue... Don Quichotte boit et... vomit ! Suivent des nausées, des spasmes, une abondante transpiration et un sommeil de trois heures. Lui qui avait pris le remède pour se remettre d'une bastonnade, il se réveille frais et dispos. Preuve de l'excellence de l'élixir.

Sancho veut donc l'essayer et s'en trouve mal pris : il connaît les mêmes symptômes que son maître, nausées, vomissements, haut-le-cœur, malaises, sueurs froides, spasmes, convulsions, à quoi il ajoute une diarrhée monumentale qui lui fait souiller la natte de jonc sur laquelle il s'était affalé – le tout pendant deux heures. Preuve de l'inefficacité de l'élixir... Commentaire de Don Quichotte le dénégateur : « Je crois, Sancho, que tout ton mal vient de ce que tu n'es pas armé chevalier ; sans doute cette liqueur ne peut-elle profiter qu'à eux seuls » (I.156) – nouvelle démonstration qu'il faut croire pour voir, en religion comme en psychanalyse, la foi fait la loi, si le réel s'avise à prouver le contraire, le réel n'a qu'à bien se tenir.

En quittant l'auberge qu'il prenait pour un château, Don Quichotte qui se prenait pour un chevalier remercie grandement l'aubergiste qu'il prend pour un gouverneur auquel il promet de rendre hommage par ses actions éclatantes – ce qui vaudra paiement de ce qu'on aurait pu lui demander... Le véritable aubergiste ne l'entend pas de cette oreille et réclame son dû – la paille et l'orge pour le cheval et l'âne, le gîte et le couvert pour le grand maigre et le petit gros. Le faux chevalier se réclame du droit de son ordre, voire de sa jurisprudence : on héberge gracieusement l'aristocratie de la chevalerie dont il est ! Il pique le flanc de Rossinante et s'en va. L'aubergiste se retourne vers Sancho, qui se réclame lui aussi, par solidarité ontologique avec son maître, de la coutume invoquée par Don Quichotte.

Des comparses de l'aubergiste, quatre drapiers, trois merciers, deux autres commerçants, s'emparent d'une couverture, y jettent Sancho et l'envoient valser en l'air comme on le fait dans les carnavals. Don Quichotte, entendant ses cris, revient et menace les amis du gargotier. Rien n'y fait. Ils s'arrêtent épuisés par leur moquerie et collent Sancho sur son âne. Maritorne lui propose un peu d'eau ; Don Quichotte l'en dissuade et lui propose son élixir ; il rappelle à son maître que, n'étant pas chevalier, la potion ne sera pas magique ; il finit par boire l'eau qu'on lui tend – et, ne perdant pas le nord, demande du vin. Sa soif étanchée, il s'en va, bien heureux de n'avoir rien déboursé.

Sancho retrouve un Don Quichotte qui lui avoue que, s'il n'avait pas été enchanté, il lui aurait volontiers porté secours. Suit l'habituel discours de dénégation. Le chevalier quichottise, il explique que, s'il avait pu, il aurait fait ; mais que ne pouvant pouvoir il ne pouvait vouloir. Plein de bon sens, Sancho lui répond : « Ces gens-là n'étaient ni des fantômes ni des enchantés, mais des hommes, en chair et en os comme nous ; je les ai même entendus s'appeler l'un l'autre pendant qu'ils me faisaient voltiger. » Il donne leurs noms et conclut : « Alors, si vous n'avez pas réussi à sauter par-dessus la murette de la cour ni mettre pied à terre, ça doit tenir à autre chose qu'à un enchantement » (I.160).

Très vite, donc, Sancho manifeste qu'il ne souscrit pas à la lecture du monde effectuée par son maître : la logique déraisonnable de l'enchantement ne lui convient pas ; il lui préfère la logique raisonnable de la causalité. Non pas de la magie, mais des raisons raisonnables et raisonnantes : des gens de chair et d'os, un réel tout ce qu'il y a de plus concret – le nom de l'un, puis de l'autre, puis d'un troisième – prouvent que l'aventure de la couverture n'a rien à voir avec des enchanteurs, mais tout avec de méchants farceurs. Sancho voit ce qu'il y a à voir, un point c'est tout.

Le dénégateur préfère toujours la fiction qui (le) réjouit à la vérité qui (l')accable. Sancho est l'homme de la vérité. Le sanchopancisme est philosophie du réel idiot, pour le dire dans le vocabulaire de Clément Rosset : philosophie du réel sans double, du réel pur, sans à-côté, sans arrière-monde, dépourvu de sens caché. Un réel cruel, parce que cru – au sens : non cuit par le vinaigre de l'idéal. Don Quichotte voit ce qu'il croit ; Sancho croit ce qu'il voit. Il s'agit de deux attitudes face au monde – les philosophes reconnus comme tels par l'institution sont la plupart du temps des disciples du chevalier à la Triste Figure. Les compagnons de Sancho cheminent dans les marges...

L'élixir qui ne fonctionne que pour les chevaliers, pas pour les écuyers, dit de la façon la plus nette sinon la lutte des classes, du moins l'hétérogénéité des deux registres ontologiques dont relèvent les deux héros : le chevalier et l'écuyer, le lettré et l'illettré, le grand maigre et le petit gros, le chrétien et l'hédoniste, le cheval et l'âne, le sachant et le naïf, celui qui sait parler et embobiner avec les mots, la sophistique, la dialectique, la rhétorique, et l'ingénu, le simple, le candide qui tombe dans le panneau du Verbe, pourvu qu'il soit bien manié. L'opposition entre les deux hommes dit également la dialectique du maître et de l'esclave, le mécanisme selon lequel s'articulent domination et servitude. L'intersubjectivité se dit ici selon l'ordre social, donc politique : le chevalier a ses raisons que l'écuyer ne connaît point.

Sancho est fidèle, loyal, il y prend des coups, y gagne nombre d'ecchymoses et une foultitude de courbatures. Don Quichotte peut laisser tomber son compagnon de voyage – je ne dirai pas son ami – quand il y a à craindre pour lui (I.206).

L'invocation des enchanteurs qui l'empêcheraient de descendre de son cheval pour aller défendre Sancho que des malandrins secouent dans une couverture dissimule fort à propos une couardise aux antipodes de la vertu chevaleresque tant vantée par le héros à la Triste Figure.

Le déni apparaît alors pour ce qu'il est véritablement : un mécanisme qui permet de congédier la réalité de ce que l'on est (quand elle n'est pas belle) au profit de l'idée qu'on se fait de soi (toujours magnifique). Le peureux n'a pas peur, puisqu'il est chevalier ; c'est donc bien que quelque chose d'autre que lui, d'extérieur à lui, en l'occurrence l'enchanteur, veut à sa place, pour lui. Le magicien contraint donc le chevalier à vouloir le contraire de ce qu'il veut. Dès lors, ce qui a eu lieu (la couardise) n'a pas eu lieu, ce qui aurait dû avoir lieu (le courage) a eu lieu ; le réel (peureux) n'est pas, la fiction (courageuse) est. La dénégation est l'arme du désarmé dont une partie de lui a compris qu'une autre partie de lui est à l'origine de vilaines choses. La première partie dit : tu as commis une noirceur. La seconde ajoute : pas du tout. L'une juge l'autre qui refuse d'être jugée et dit du jugement qu'il est faux. Dès lors, le jugement disparaissant, la chose jugée disparaît en même temps. Si le tribunal n'est plus, la faute s'envole. Le dénégateur est juge et partie de lui-même : il juge et absout. Dès lors, le crime n'a pas eu lieu.

La fiction dénégatrice s'avère donc bénéfique et profitable à la conscience abîmée. Si la vérité abîme, le déni permet non pas d'attaquer ce qui abîme, mais la vérité : il suffit d'en changer au profit d'une illusion qui, elle, n'abîme pas mais, au contraire, enjolive, embellit, arrange. Don Quichotte n'est pas la victime de passions mauvaises, la peur, la couardise, l'effroi, mais le jouet d'une force qui n'est pas lui, une puissance enchanteresse, extérieure à lui, qui le dédouane d'être ce qu'il est véritablement (un pauvre type) au profit de ce qu'il imagine être (un valeureux empêché de manifester sa valeur par une tierce force).

La fiction permet à Don Quichotte apeuré de se regarder dans la glace en y voyant un Don Quichotte intrépide et résolu, mais entravé dans sa bonté et sa bonne nature – on apprendra à la fin du roman qu'il se nomme « Alonso Quichano [...] *le bon* » (II.532) – par une force mauvaise qui n'a rien à voir avec lui. Lui qui prétend savoir ce qu'il est se trouve aux antipodes de cette sagesse sur soi : il est le plus abusé des hommes sur lui-même. J'ai écrit que Don Quichotte ne mentait jamais, j'aurais dû préciser : il ne ment à personne d'autre qu'à lui. À lui, en revanche, il ne fait que mentir. C'est le prix à payer pour vivre avec le grand écart qui creuse sa vie : sa vie concrète est bien loin de son idéal, son existence n'a rien à voir avec la philosophie qu'il professe.

La dénégation efface la contradiction, elle lisse les aspérités d'un quotidien si loin d'une métaphysique présentée comme son inspiratrice. Le dénégateur fait de lui-même son pire ennemi : il se ment à lui-même, comme si le soi n'était pas le plus à même de savoir ce qu'il en est véritablement ! Le déni coupe le soi en deux : il est le premier coin enfoncé dans l'aubier de l'arbre qui, si la dénégation dure, va se fendre en deux.

Le gouvernement d'une île qui n'existe pas

Pour leur malheur, mais pour le bonheur du lecteur curieux du fonctionnement du mécanisme de la nature humaine, Don Quichotte et Sancho Pança rencontrent au coucher du soleil et à l'orée d'un bois une belle dame sur un cheval blanc, avec une selle à pommeau d'argent, tenant un faucon sur son poing gauche, élégante, habillée de vert et accompagnée par des chasseurs – la Duchesse. Le chevalier envoie son écuyer présenter ses hommages à la dame – qui, rendez-vous compte, a lu un roman intitulé *L'Ingénieux Hidalgo Don Quichotte de la Manche* et qui connaît donc les aventures de nos deux héros, mais aussi leurs noms, et celui de Dulcinée !

Sancho revient vers Don Quichotte pour l'informer que la dame les accueille volontiers dans son château. Pendant ce temps, la Duchesse informe le Duc de sa prise de guerre ontologique. L'un et l'autre font partie de la race des grands seigneurs, méchants hommes : « Ils convinrent de se prêter à son humeur, d'approuver tout ce qu'il dirait, bref, de le traiter en chevalier errant pendant le temps qu'il séjournerait auprès d'eux, avec toutes les cérémonies en usage dans les romans de chevalerie, dont ils étaient eux-mêmes grands liseurs » (II.221).

Les différences entre le maître et le serviteur vont disparaître au profit d'un couple qui va devenir leur tête de Turc. La lutte des classes qui traverse l'assemblage Don Quichotte et Sancho Pança se trouve abolie au profit d'une nouvelle ligne de partage qui sépare et oppose l'ingénieux hidalgo associé à son non moins ingénieux écuyer et ce couple d'aristocrates sadiques, si l'on peut ainsi qualifier une vieille chose avec un mot qui n'existe pas du temps de leurs forfaits. Le Duc et la Duchesse ont décidé de s'amuser à leurs dépens. Dans ce XVIIe siècle catholique et monarchique, le roman de Cervantès montre comment l'aristocratie sacrifie en jouissant la valetaille n'ayant pas le sang bleu.

Dans *La Généalogie de la morale,* Nietzsche réfléchit aux sens de souffrir, faire souffrir, donner un spectacle de la souffrance, jouir du spectacle de la souffrance d'autrui, avoir besoin de sa dose de cruauté, jubiler à la méchanceté et à la moqueuse cruauté. Puis il écrit ceci : « Que l'on songe à Don Quichotte à la cour de la duchesse : en lisant aujourd'hui *Don Quichotte* tout entier il nous vient sur la langue un arrière-goût amer, notre esprit est au supplice, ce qui paraît étrange et même incompréhensible à l'auteur et à ses contemporains – car ils lisaient ce livre avec la conscience la plus tranquille, comme s'il n'y avait rien de plus gai, comme si c'était à mourir de rire. Voir souffrir fait du bien, faire souffrir plus de bien encore – voilà une dure sentence, mais une vieille et puissante sentence capitale, humaine, trop humaine » (II.811). Comment pourra-t-on dire de Nietzsche qu'il aimait la cruauté et la préconisait ? Don Quichotte commence par chuter de son cheval : il attendait l'aide de Sancho, mais comme il s'était accroché le pied dans une corde et pendait lamentablement au-dessus du sol, le chevalier bascula en croyant qu'on le réceptionnerait et il chute aux pieds du Duc. Don Quichotte se met au service du Duc et de la Duchesse qui, feignant le sérieux, se réjouissent d'obtenir si facilement l'entrée du naïf dans leur fosse à serpents. La cruauté peut alors commencer.

Don Quichotte est accueilli en prince par une maisonnée ducale avertie qu'il faut jouer ce jeu pervers : de jolies servantes lui posent un long manteau d'écarlate sur les épaules, on le parfume abondamment, des pages prennent soin de lui ainsi que des jeunes filles qui rient sous cape de le voir aussi maigre et décharné sans son accoutrement de chevalier – « les jeunes filles avaient bien du mal à ne pas éclater de rire mais le duc leur avait donné l'ordre impératif de dissimuler leur hilarité » (II.226). Les suivantes lui donnent une toque en satin vert qu'il pose sur sa tête. On vient le chercher en grande pompe pour le dîner.

Le Duc l'installe à la place d'honneur. Commence alors le spectacle.

Apprenant que Don Quichotte avait promis un royaume à Sancho Pança, le Duc dit : « En cet instant même, au nom de votre maître Don Quichotte, je vous nomme gouverneur d'un de mes archipels actuellement disponibles, et de première qualité » (II.235). Par la grâce du performatif ducal, voilà donc Sancho gouverneur... La Duchesse demande à Sancho de bien s'acquitter de cette tâche. Réponse de l'intéressé : « Pour ce qui est de bien gouverner, faites-moi confiance. Je suis charitable de nature, et j'ai toujours eu de la compassion pour les pauvres. Et puis, je ne suis pas né de la dernière pluie ; et qu'on ne s'avise pas de me piper ; on n'apprend pas à un vieux singe à faire la grimace ; et je peux ouvrir l'œil et le bon ; et je ne m'en laisse pas conter, parce que je sais très bien où le bât blesse. Tout ça pour dire qu'aux bons je tendrai toujours la main, mais aux méchants pas même le pied ! Et puis, il me semble qu'en fait de gouvernement le tout c'est de commencer ; et il se pourrait bien qu'au bout d'une quinzaine de jours j'en sois ravi, de ce métier de gouverneur, et que je m'y connaisse mieux qu'aux travaux des champs, où j'ai été élevé » (II.249) – voilà ce qu'en termes contemporains on appelle un discours de politique générale...

On retrouve la passion qu'à Sancho de penser par proverbes – ce qui irrite Don Quichotte... qui, lui, pense par fictions ! Mais il existe une sagesse populaire contenue dans les proverbes : un savoir oral, transmis de génération en génération, par un peuple dont les connaissances empiriques procèdent par accumulation d'observations. Le folklore, dont Van Gennep fut l'encyclopédiste, est moins antisagesse, ou contre-sagesse, que sagesse alternative : le savoir oral du peuple contre la science écrite des élites. D'une part, les connaissances des observateurs, des chamanes aux sorciers, en passant par les paysans, les astronomes, les marins, les vignerons, les guérisseurs, les herboristes, les bergers, les naturalistes, les chasseurs, les éleveurs, pécheurs qui regardent le monde sans filtres ; de l'autre, les gens de l'institution sachante, les prêtres, les professeurs, les écrivains, les philosophes de cour, les universitaires qui savent du monde ce que les livres en disent – autrement dit : rien de sa vérité vivante.

Avec ses chapelets de proverbes, Sancho célèbre les vertus de l'expérience en matière de connaissance des hommes – les grimaces de son vieux singe constituent une image pour exprimer le bien-fondé de la méthode expérimentale ! Il dit la nécessité d'une bonne anthropologie pour penser, promouvoir et activer une politique digne de ce nom – que dit d'autre Hobbes dans sa philosophie politique en général et dans son *Léviathan* en particulier ? Qui dira que la morale de nombre de fables de La Fontaine, souvent des vérités de

sagesse populaire, ne procède pas d'un fond de connaissances expérimentales millénaires ?
En deux mots à destination de la Duchesse, Sancho esquisse un programme politique : charité et compassion avec les pauvres ; bonté pour les bons, mais pas pour les méchants. Autrement dit, le contraire de la maxime qui triomphe si souvent, et depuis si longtemps, en matière politique – à savoir : fort avec les faibles et faible avec les forts. Sancho se veut doux avec les faibles et fort contre les malfaisants. Cette politique est une éthique ; cette éthique, une politique. Elle tourne le dos aux leçons cyniques données par *Le Prince* de Machiavel.
Et puis, dans cette ébauche politique sanchopancesque à destination de la Duchesse, cette idée qu'il ne saurait y avoir des professionnels de la chose, des gens dont la nature exigerait que l'art de gouverner leur revienne de plein droit. Sancho affirme que cet art devrait procéder de gens comme lui, des paysans par exemple, qui pourraient s'y colleter, se découvrir tout aussi bien faits pour gouverner leurs semblables que ceux qui, princes, rois, ducs, duchesses, empereurs et autres nobles revendiquant leur sang bleu, confisquent les postes et imposent leurs lois. L'expérience de la nature humaine, l'éthique charitable à l'endroit des démunis, l'exercice politique comme légitimité politique, voilà une épure de belle facture… La Duchesse invite Sancho à

se reposer ; elle lui promet le gouvernement au plus vite.

Avant de les quitter, Sancho s'inquiète de son âne – qu'il ne veut pas appeler *âne* et que, pour ce fait, il appelle « mon grison » (II.252). Il rapporte à la Duchesse qu'une duègne a mal pris sa demande de veiller au bien-être de son petit animal, ajoutant au passage : « Et pourtant, les duègnes sont plutôt faites pour panser les baudets que pour parader dans les salons » (*id.*). Puis, filant la métaphore digne d'un Diogène, il s'adresse à la Duchesse qui l'invite à ne pas se séparer de son âne, même quand il sera gouverneur : « Madame la Duchesse ne croit pas si bien dire : j'ai vu plus d'un âne dans les gouvernements, et j'emmènerais le mien que ça n'étonnerait personne » (*id.*)... Expérimental, moral, pragmatique, le Sancho politique s'avère également doué pour l'ironie libertaire ! Beau programme pour un futur gouvernant.

Sancho Pança va donc être gouverneur. Il écrit une lettre à sa femme, Thérèse, et annonce que désormais il lui faudra rouler carrosse – impossible de continuer à marcher comme une paysanne. Il ajoute que sa nouvelle fonction lui permettra de s'en mettre plein les poches – « Il paraît que tous les nouveaux gouverneurs n'ont que cette idée en tête » (II.268). Puis il donne des nouvelles de son âne : « Le grison se porte bien et se rappelle à ton bon souvenir ; je ne compte pas m'en séparer, même si on me nommait Grand Turc » (II.269). Il soumet sa lettre à la Duchesse ; elle trouve qu'il y est cupide ; il veut bien qu'on change ceci ou cela, qu'on rature, voire qu'on déchire la lettre – le contraire vaudrait tout aussi bien ! Il est curieux de voir ce qu'est gouverner et veut bien le faire pour aller au ciel directement. Il pressent qu'il y a de la jouissance à exercer la puissance et veut goûter de ce fruit-là.

Don Quichotte donne ses conseils : il se réjouit sincèrement pour son écuyer qui n'a rien fait pour et obtient ce que n'ont pas ceux qui ont tué père et mère pour occuper ce genre de poste ; il demande à son vassal de ne pas croire pour autant qu'il doit ce poste à son talent, mais à sa proximité avec le chevalier errant dont la tâche est sublime – et à la volonté de Dieu ; il l'invite à craindre Dieu, à tâcher de se connaître, à se souvenir qu'il a gardé les cochons dans son village pour éviter de faire un jour la roue comme un paon ; il lui dit : « Tire gloire de l'humilité de ta naissance, et n'aie pas honte de dire que tu descends d'une famille de paysans ; voyant que tu n'en rougis pas, personne ne cherchera à t'en faire rougir » (II.304) ; il affirme que la pratique de la vertu surpasse l'héritage de la noblesse ; il lui demande de pratiquer l'hospitalité avec ceux de sa famille qui viendraient le visiter, de rester lucide sur les motivations des gens et sur leurs manigances, de rendre une justice équitable, miséricordieuse, clémente, sans émotion ; il le met en garde contre une satisfaction de ses passions personnelles, contre la séduction des femmes, contre le choix d'une mauvaise épouse s'il devait devenir veuf. Voilà pour l'âme…

Le chevalier ajoute des considérations pour le corps : se laver, se couper les ongles, ne pas les porter longs comme les aristocrates oisifs qui exhibent ainsi leur mépris du travail manuel, bien s'habiller, s'entourer d'une livrée discrète et commode, ni riche ni voyante, ne manger ni ail ni oignon, marcher lentement, parler posément, ne pas s'écouter, éviter l'affectation, dîner légèrement, souper plus légèrement encore, boire et manger modérément, éviter d'éructer – « Je ne comprends pas ce mot-là ». « Éructer, Sancho, veut dire roter » (II.308) –, éviter l'usage des proverbes, chevaucher selon les règles de l'art équestre, ne pas trop dormir, ne pas commenter la noblesse des lignages. Commentaire de Sancho : « Je suis sûr, monsieur, que toutes ces belles et bonnes choses que vous venez de dire sont très profitables. Mais à quoi bon, puisque je ne m'en rappelle déjà plus aucune ? » (II.309). Don Quichotte les lui écrit ; Sancho les perd.

Clémence, miséricorde, vertu, hospitalité, impassibilité, équité, humilité, lucidité, modestie, sobriété, décence, tempérance, discrétion, retenue, les invitations du Quichotte semblent directement sorties du *Livre du courtisan* de Castiglione – un ouvrage lu par Cervantès. Le chevalier propose un *vade-mecum* comme il en existe beaucoup dans l'histoire des idées et qui expose un art de gouverner selon les principes chrétiens. Non pas l'éloge de la force du lion ou de la ruse du renard qu'on trouve chez l'auteur du *Prince,* mais l'invitation érasmienne à la douceur – Cervantès fut un élève de l'érasmien Juan López de Hoyos.

Accompagné avec grande escorte, Sancho part habillé comme un grand seigneur et chevauche un mulet ; harnaché de soie, son âne le suit. Don Quichotte se trouve accablé par son départ, il connaît une grande solitude et s'enferme dans sa chambre où il veut qu'on le laisse seul. Dans sa carrée, il découvre que Sancho a oublié ses bottes de voyage, il décide de les porter le lendemain. Sancho arrive dans son archipel peuplé d'environ mille âmes. Le conseil municipal au grand complet l'accueille, les cloches sonnent, il entre dans l'église pour dire une action de grâces, on lui remet les clés de la ville, le voilà devenu « gouverneur perpétuel de l'archipel de Baratarie » (II.323). On l'installe sur le siège du juge et le majordome annonce que la coutume veut qu'on pose une question au nouveau gouverneur pour mesurer sa compétence.
Sancho avise une inscription peinte sur le mur : elle célèbre *Don Sancho Pança*. Le gouverneur virtuel demande pourquoi ce *Don* ? Refusant ce titre, Sancho affirme : « J'imagine que, dans cet archipel,

on donne du *don* gros comme le bras à n'importe qui. Mais suffit : [...] je m'en vais vous débarrasser de tous ces *dons* qui, vu le nombre, doivent être aussi énervants que des moustiques » (II.324). *Don* est un titre honorifique d'abord associé aux princes, aux évêques, aux seigneurs. Son origine latine signifie *seigneur*. Le premier acte politique du gouverneur est donc symbolique et radical : il supprime les titres de noblesse et réalise l'égalité formelle entre les citoyens.

Un paysan et un tailleur entrent dans la salle d'audience. Le premier demande combien de capuches on peut tailler dans une modeste pièce de tissu apportée par ses soins ; il en exige cinq ; le tailleur s'exécute et réclame son paiement ; le paysan refuse de payer et exige la restitution de sa pièce de toile. Sancho veut voir le travail effectué : le tailleur montre cinq capuches enfilées sur chacun de ses doigts... Rire de l'assistance. Premier litige ; premier piège tendu par le Duc et la Duchesse au paysan. Sancho revendique le bon sens et délibère ainsi : « Le tailleur perdra sa façon et le paysan son drap ; quant aux chaperons, qu'on les porte aux détenus de la prison. J'ai dit » (II.325). Sancho renvoie donc dos à dos la filouterie du commanditaire qui perd sa matière première et la friponnerie de l'artisan condamné à faire son deuil de son travail. Arrivent deux vieillards dont l'un reproche à celui qui s'appuie sur une canne un prêt qu'il refuse de rembourser : « il soutient que je ne lui ai jamais prêté ces dix écus, et que, si je les lui ai prêtés, il me les a déjà rendus. Je n'ai aucun témoin, ni du prêté ni du rendu, puisqu'il n'y a pas eu restitution » (II.326). Il demande donc que le supposé voleur prête serment qu'il a rendu l'argent. S'il s'exécute, il estimera l'affaire réglée. L'homme consent à la demande : il remet sa canne à celui qui se plaint afin de pouvoir lever la main plus facilement et prêter serment sur la baguette du gouverneur. Il affirme alors avoir remis en main propre l'argent à celui qui le lui demande, mais que ce dernier ne s'en souvient plus et qu'il le lui demande restitution pour cette raison qu'il a oublié. Estimant que le débiteur est un bon chrétien et qu'il vient de montrer sa bonne foi, le prêteur consent à ce jugement.

L'homme à la canne quitte alors la salle. Sancho réfléchit et demande sa canne au vieillard qui la lui donne. Le gouverneur la donne au prêteur en lui affirmant qu'il est ainsi payé de ses dix écus en or… On brise alors la canne et l'on y trouve cachées les pièces. Étonnement de la salle ! Comment a-t-il pu imaginer cela ? « Il répondit que, voyant le débiteur donner à l'autre son bâton pendant qu'il jurait qu'il lui avait bel et bien rendu son argent, et le lui reprendre aussitôt après, il lui était venu à l'idée que la somme réclamée devait se trouver dedans » (II.327). Et Sancho de préciser que Dieu vient toujours en aide aux gouverneurs ! Il a en effet débusqué la ruse, découvert la vérité, rendu la justice, pratiqué l'équité et restauré l'ordre. Le volé retrouve son argent ; le voleur l'a rendu ; le gouverneur l'a permis. Deuxième litige résolu selon l'ordre de la raison.

Troisième litige : une jeune femme de vingt-trois ans traîne un riche marchand de cochons devant le tribunal, elle lui reproche le vol de sa virginité ; lui rétorque qu'elle s'est proposée pour un peu d'argent et qu'il y a consenti pour se divertir d'une journée de marché infructueuse ; à l'heure du paiement, elle a exigé plus, il a refusé. Sancho demande au marchand s'il a de l'argent ; il en a ; le gouverneur lui demande de donner sa bourse à la jeune fille ; il s'exécute, mortifié, elle part avec ; Sancho l'invite à rattraper la dame pour la forcer à lui remettre la bourse et revenir avec elle ; l'homme part à toute vitesse, revient avec elle qui se débat comme une diablesse et crie à l'injustice comme une furie ; elle explique en rage que pour rien au monde elle ne redonnera cette bourse ; Sancho la récupère et la donne au marchand de porcs. Puis il dit à la plaignante : « Si vous aviez mis la moitié moins d'énergie et de courage à défendre votre corps que vous avez mis à défendre cette bourse, toute la force d'Hercule n'aurait pas suffi à vous soumettre » (II.329) – il invite alors la menteuse à déguerpir. Admiration de l'assistance…

L'audience terminée, Sancho est conduit au palais pour le repas. Faste, grandeur, pages et musique, on lui lave les mains avec cérémonie, on lui noue une bavette à dentelle autour du cou, un étudiant dit le bénédicité, un maître d'hôtel lui présente un plat de fruits, il a juste le temps d'une bouchée, et le plat lui est retiré sous le nez ; un autre arrive, même punition. Le médecin explique qu'il se soucie de la santé du gouverneur, prévient ses maladies, pratique pour lui une diététique qui exige cette comédie : les fruits contiennent trop d'eau, le plat était trop épicé, il lui aurait donc fallu trop boire et trop d'eau, c'est aller vers la consumation de « l'humide radical » (II.336), une métaphore pour ne pas dire le *sperme* – donc la maladie…

Sancho avise des perdrix rôties, mais Hippocrate n'aurait pas aimé. Il voit un civet de lapin ; le docteur l'interdit ; il repère du veau, mais rôti et en daube, le médicastre le déclare illicite ; il remarque un ragoût, formellement déconseillé car le complexe et le composé sont prohibés. Le Diafoirus espagnol préconise des pâtisseries et des pâtes de coing pour faciliter la digestion – mais quelle digestion puisqu'on lui a tout refusé ? Sancho se met en colère et menace le diététicien de lui casser une chaise sur le dos. Il ne veut pas de peine-à-jouir dans son archipel.

À ce moment arrive un courrier du Duc qui informe Sancho que quatre personnes se sont infiltrées près de lui pour le tuer. Première et sage décision : mettre le diététicien au cachot – car il semble bien que celui-là veut se débarrasser du gouverneur ! Deuxième décision : qu'on lui apporte du pain, des oignons et du raisin, il veut bien faire face au pire, mais pas le ventre vide. Troisième décision : quelques lettres pour assurer le Duc, la Duchesse, sa femme Thérèse, son maître Don Quichotte, de ses sentiments les meilleurs.

Arrive un paysan qui l'emberlificote avec un discours sur sa fille qu'il voudrait marier et sur de l'argent qu'il vient lui demander. Pas dupe, Sancho renvoie le verbeux venu lui soutirer de l'argent. Sancho découvre combien le pouvoir attire les intéressés, les opportunistes, les pique-assiettes. Il saisit les raisons qui transforment les gens de pouvoir en statues de bronze pour se protéger des fâcheux, prompts à exiger, demander, solliciter, et tout aussi prompts à condamner si l'on n'obtempère pas immédiatement. Il voit le mécanisme du pouvoir à l'œuvre avec ses parasites qui veulent tout, tout de suite, et ces gouverneurs qui, pour se protéger de la furie quémandeuse, se drapent dans une superbe qui met à distance.

L'exercice du pouvoir le change. Sancho étonne ceux qui le connaissaient avant. Il obtient même du diététicien un véritable repas : ragoût de bœuf avec de l'oignon et un pied-de-veau un peu avancé en âge – et dit ses préférences alimentaires : de la chèvre, du bœuf, du lard, du petit salé, des navets, des oignons, du ragoût cuit et recuit. Puis il souhaite qu'on ne l'embête plus, que tout le monde mange de bon appétit, et conclut : « Je suis comme je suis » (II.353), une façon de faire écho à Don Quichotte qui, lui, affirmait : « Je sais ce que je suis »…

Le gouverneur requinqué par ce banquet formule cette maxime politique : « J'ai l'intention de gouverner cet archipel sans rien prendre ni laisser prendre » (II.353). Fini le projet de s'enrichir comme le font tous les gens de pouvoir, une idée qui avait tenté Sancho avant d'exercer effectivement sa charge. Puis il manifeste le désir d'effectuer une ronde pour en finir avec les parasites de la société : les fainéants qui profitent du travail des autres, les paresseux qui bénéficient du labeur des gens courageux, les voleurs qui grugent les naïfs. Il ajoute : « Mon intention est de venir en aide aux paysans, de laisser aux gentilshommes leurs privilèges, de récompenser les gens vertueux, et surtout de respecter la religion et d'honorer les hommes d'Église » (II.354). Ce que propose Sancho, c'est un paradis chrétien sur terre où l'on inverserait la perspective de ce qui triomphe dans les sociétés depuis toujours : les prospérités du vice et les malheurs de la vertu. L'écuyer devenu gouverneur veut des prospérités à la vertu et des malheurs au vice.

Sancho effectue une ronde entouré de toute une cohorte de suivants. Il rencontre deux hommes qui se battent en duel. L'un a gagné au jeu grâce à l'autre, selon le dire de l'autre ; le second ne l'a pas récompensé comme le premier le souhaitait ; le gagnant souscrit à cette version, mais ne voit pas pourquoi il aurait donné plus. Le gouverneur condamne le gagnant à payer une somme à son comparse et une autre pour les pauvres de la prison ; il exige de l'acolyte qu'il quitte l'archipel, sous peine de mort. Les deux hommes s'exécutent. Sancho se propose de fermer la maison de jeu. Un greffier lui fait savoir qu'elle appartient à un homme riche et puissant et qu'il vaut mieux que ce genre d'endroit soit entre les mains de ce genre d'individus plutôt que de personnages louches. Le gouverneur découvre la réalité du pouvoir dans la société : de petits fripons couverts par de plus grands qu'eux – on punit les premiers, mais les seconds restent hors d'atteinte de la loi. À peine cette histoire est-elle terminée qu'on amène au gouverneur un garçon qui tentait de s'enfuir à la vue du cortège. Le jeune homme répond de façon laconique et ironique aux questions : il dit tisser des fers de lance, il confesse qu'il allait prendre l'air, où ? lui demande Sancho, là où il souffle, répond le garçon. Le gouverneur menace de le faire *dormir* en prison. Il argumente et prétend que l'on n'a pas ce pouvoir sur lui. Pour quelles raisons ? Parce qu'on peut le jeter dans un cul-de-basse-fosse, il ne pourra rien contre ça, mais *dormir*, s'il veut ne pas fermer l'œil de la nuit, personne ne pourra l'y contraindre ! Commentaire de Sancho : « Si tu ne dors pas, c'est donc parce que tu en as décidé ainsi, et non pour contrevenir à ma décision ? » (II.358). Il opine ; convaincu par l'implacable rhétorique du jeune homme moqueur, Sancho le renvoie… *dormir* chez lui !

Après une nuit de sommeil, et un petit-déjeuner frugal de conserve de fruits et de quatre gorgées d'eau plate, Sancho reprend le travail. Nouveau litige à trancher sous forme d'énigme logique : un pont traverse un fleuve, au bout, une potence et quatre juges chargés de faire respecter la loi qui formule ainsi une variation sur le paradoxe du menteur : « Quiconque traverse ce pont doit d'abord déclarer sous serment où il va et pour quelle raison. S'il dit vrai, qu'on le laisse passer. S'il ment, qu'il soit pendu à cette potence sans rémission » (II.373). Un homme jure un jour de traverser le pont sans autre raison que d'aller se faire pendre. Délibération des juges : « Si nous laissons cet homme passer librement, il aura menti sous serment, et la loi veut qu'il meure. Et si nous le pendons alors qu'il a juré qu'il passait le pont pour mourir sur la potence, puisqu'il aura dit la vérité la loi veut qu'il passe librement » (II.373). Doute et perplexité des gens de loi qui sollicitent Sancho. On lui répète plusieurs fois l'énigme, il la résume ainsi : « Cet homme jure qu'il va mourir sur la potence et, s'il meurt pendu, il aura dit la vérité ; donc, d'après la loi, il mérite d'être libre et de traverser le pont. Mais s'il n'est pas pendu, il aura menti, et, d'après cette même loi, il mérite qu'on le pende » (*id.*). Paralogisme, paradoxe, aporie, antinomie, Sancho n'est pas homme à s'embarrasser des subtilités de la logique et à se faire enfermer dans un raisonnement : à malin, malin et demi, le gouverneur tranche à la façon du nœud gordien et dit : « Qu'on laisse passer la partie de cet homme qui a dit la vérité, et qu'on pende celle qui a menti ; on aura ainsi respecté au pied de la lettre les conditions du passage » (*id.*) – variation sur le thème du jugement de Salomon.

Pas question, en effet, de se compliquer la vie par une théorie puisque les choses peuvent être beaucoup plus simples que ces arguties qui font la joie des philosophes scolastiques à l'université. Les sophismes empruntés à la logique aristotélicienne se résolvent ainsi : un syllogisme peut prouver l'inexistence du mouvement, il suffit de faire quelques pas pour prouver le contraire. L'énigme transcendantale se trouve résolue par une solution empirique qui, en plus, a le mérite de la drôlerie puisqu'elle est inapplicable sans mettre à mort l'impétrant qui, de toutes les façons, aura bien trouvé la mort qu'il voulait, tout en n'ayant pas respecté la loi. À défaut de mettre en œuvre cette réponse aussi déraisonnable que la question, le gouverneur en appelle à la miséricorde et à le laisser passer librement. Nouvelle résolution de litige.

Plus tard, Sancho dicte quelques ordonnances pour mieux administrer son archipel : interdiction de la revente de comestibles, réglementation du commerce des vins avec indication de leur provenance et indexation de leurs prix sur la qualité, prohibition du coupage de cette boisson et punition de ceux qui s'en rendraient coupables, réduction du prix des chaussures courantes, taxation du salaire des domestiques pour empêcher leur perpétuelle augmentation, punition des chanteurs de chansons obscènes de jour comme de nuit, proscription pour les aveugles de débiter dans la rue des vies de saints fantasques et des listes de miracles inauthentiques, création d'une police des pauvres à même de prouver leur véritable état d'indigence afin de mieux s'occuper de ceux qui le seraient vraiment, et autres décisions regroupées sous la rubrique « Constitutions du grand gouverneur Sancho Pança » (II.379). Réglementation commerciale, blocage des salaires obscènes, baisse des prix d'un produit de première nécessité, gouvernement de la vertu, lutte contre les fraudes et les escroqueries à la misère, cette utopie l'est non pas parce qu'elle est irréalisable, mais parce qu'elle est irréalisée.

Le bon sens politique de Sancho, son pragmatisme en faveur de la vertu et des plus modestes font de lui un républicain épicurien, si l'on sait se souvenir qu'Épicure écrivit des traités politiques, notamment un *Traité de la royauté* et deux autres sur la justice, dont un qui s'intitule *Sur l'action juste*. Pour ce que l'on en sait par des épicuriens postérieurs, le propos consistait à réaliser une République de l'ataraxie : absence de troubles, paix sociale, bonheur du plus grand nombre, gouvernement de la vertu frugale. La politique épicurienne ne fait confiance ni aux masses ni au despote, mais au monarque, parce qu'il est plus facile de rendre sage et philosophe un seul homme que tout un peuple ou un tyran. Ce que doit vouloir le monarque épicurien ? La réalisation d'un genre d'ataraxie étatique : pas de guerres, d'injustices, pas de despotisme, de tyrannie, d'arbitraire, pas de famines, de misères, pas de violences, mais une sérénité qui permette à chacun de mener une vie philosophique simple, débarrassée de troubles.

L'épicurien Philodème de Gadara dédicace à Pison, le beau-père de César, un texte intitulé *Du bon roi selon Homère,* dans lequel il effectue le portrait du monarque idéal : respectueux du bien d'autrui, incapable de commettre des homicides, bienveillant, ne s'interdisant pas de jouir des bienfaits de la terre, sobre, doué dans l'administration des biens, jamais grossier, doux, clément, équilibré, ignorant la sévérité, ni vengeur ni comploteur, détestant plus que tout la discorde, le tumulte, l'envie, il prend modèle sur la prudence et la sagacité d'Ulysse, garde le cap sur la justice, mène à bonne fin toutes ses actions sans jamais recourir aux armes. Ne dirait-on pas un portrait de Sancho Pança ?

L'anti-Machiavel qu'est Sancho dans la vie comme dans l'exercice de son mandat agit en vertueux pendant que le Duc et la Duchesse, Machiavel espagnols, continuent leur entreprise de moquerie : ils écrivent à Thérèse, l'épouse de Sancho. Ils la flattent, lui offrent un collier de corail avec fermoir en or, promettent qu'ils marieront leur jeune fille de quatorze ans, Sanchica, avec un jeune homme de haute famille, demandent qu'elle leur envoie deux douzaines de gros glands de sa région, s'inquiètent de sa santé et de ses affaires. L'épouse leur répond, remercie, rapporte que, comme beaucoup dans le village, elle ne croyait pas au fait que son mari était devenu gouverneur : « Dans le pays, tout le monde tient mon mari pour un imbécile, et on n'imagine pas très bien, en dehors d'un troupeau de chèvres, ce qu'il pourrait gouverner » (II.383). Elle demande de l'argent pour acheter de quoi manger et s'impatiente de ne pas encore rouler carrosse ni d'avoir livrée et domestiques pour impressionner la galerie. Elle envoie les glands – et un fromage… La lecture de la lettre fit rire à la Cour. À Sancho, elle écrit une autre lettre : elle dit sa joie et celle de sa fille qui s'en est même pissé dessus ; elle rapporte que personne dans le village ne croit à sa promotion et qu'il doit s'agir, une fois de plus, d'une affaire d'enchanteurs ; elle donne des nouvelles du village, des travaux des champs, des récoltes ; elle raconte le travail de dentellière de leur fille qui constitue ainsi modestement son trousseau ; elle attend avec impatience que son mari lui dise de la rejoindre. On lit publiquement les lettres, dont celle que Sancho écrivit à Don Quichotte et qui « suscita des doutes quant à la sottise du gouverneur » (II.386).

Vint l'heure de la fin de cette comédie. Après sept jours de gouvernement, il est sorti du lit par un tocsin, une rumeur et un vacarme : on lui annonce une attaque de l'archipel. Les va-t-en-guerre le poussent à s'armer pour partir au combat ; Sancho avoue qu'il n'est pas fait pour la guerre ; il renvoie à Don Quichotte à qui il faut demander de l'aide et dont c'est la passion de guerroyer. On attend qu'il prenne tout de suite le commandement, il s'exécute. Des gens de sa suite l'habillent en soldat. Il se trouve « empaqueté, emmuré, plus raide qu'un fuseau, incapable de plier le genou ni faire un pas » (II.388). Il veut bien se battre, mais l'accoutrement ne le permet pas. Il fait un pas – et s'effondre de tout son long. On lui grimpe dessus, on le piétine, on fait semblant de faire la guerre, on parle d'ennemi, de charge, de goudron fumant, de poix, de résine et d'huile bouillante, de barricades ; Sancho souhaite la victoire des ennemis, sa mort, ou n'importe quoi qui mette fin à la situation cauchemardesque. Puis on annonce la fin des hostilités, le combat gagné par les habitants de l'île – l'ennemi bat en retraite.

Sancho se défait de son armure, s'habille prestement, va vers l'écurie : « Il s'approcha de son grison, l'entoura de ses bras, lui donna sur le front un baiser de paix et, les yeux pleins de larmes, lui dit : « Enfin je te retrouve, mon grand ami, mon compagnon de misères ! Quand nous étions ensemble, et que je n'avais d'autre souci que de nettoyer ton harnais et de satisfaire ton modeste appétit, les heures, les jours, les années s'écoulaient paisiblement. Mais depuis que je t'ai abandonné pour monter aux tours de l'ambition et de l'orgueil, j'ai l'âme remplie de mille tristesses, de mille chagrins et de quatre mille inquiétudes » (II.390).

Il sangle son petit animal, le bâte, lui grimpe dessus et dit : « Faites place, messieurs, et laissez-moi retourner à ma liberté d'antan. Laissez-moi aller retrouver ma vie passée, pour que je ressuscite de cette mort présente. Je ne suis pas né pour être gouverneur, ni pour défendre des archipels ni des villes contre des ennemis qui voudraient les assaillir. Je m'y entends mieux à labourer, à bêcher, à tailler la vigne qu'à faire des lois ou à défendre des provinces et des royaumes. La place de saint Pierre est à Rome ; je veux dire que chacun doit rester à la sienne en faisant le métier pour lequel il est né. Je me trouve bien mieux avec une faucille dans la main qu'avec un bâton de gouverneur ; je préfère me remplir la panse avec un bout de pain trempé d'huile qu'être à la merci d'un médecin qui croit tout savoir et me laisse mourir de faim ; et pouvoir dormir en été à l'ombre d'un chêne, et m'envelopper l'hiver dans une bonne peau de mouton, en gardant ma liberté, plutôt que de coucher dans des draps de Hollande et d'avoir un manteau de *zobeline*, avec les obligations d'un gouverneur. Allez avec Dieu et dites à M. le Duc que nu je suis né et nu je me retrouve ; je ne perds ni ne gagne. Je veux dire par là que je suis entré sans un sou dans ce gouvernement et que j'en sors sans un sou, ce qui n'est pas le cas pour les gouverneurs des autres archipels. Et maintenant, écartez-vous et laissez-moi passer » (II.391).

Magnifique profession de foi libertaire de l'épicurien qui, si le destin l'y place, gouverne selon les maximes de l'ataraxie, mais qui préfère forcer le destin pour recouvrer la liberté, l'indépendance, l'autonomie, la vérité de sa vie simple et sobre, juste et vraie, l'authenticité d'une vie modeste et frugale, juste et droite, loin du monde politique fait de prétentions, de faux-semblants, de mensonges, de vilenies, de méchancetés, de coups fourrés. Ce gouvernement fut fictif, mais cette virtualité a enseigné à Sancho ce qu'il savait déjà : la vérité d'une existence suppose la simplicité.

Leçon épicurienne, là encore, car le roi se voudra le créateur de l'ataraxie de son peuple si la force du destin le place sur un trône ; mais il se préférera l'inventeur de sa propre ataraxie dès qu'il exercera sa volonté et voudra d'abord se créer liberté. Plutôt un paysan heureux qu'un roi malheureux,

un laboureur en paix avec lui-même et son âme qu'un prince mélancolique ne s'appartenant pas, un mangeur de pain gorgé d'huile d'olive souriant qu'un dîneur d'ortolans triste.
Avant de lui donner l'autorisation de partir, le majordome de la cour ducale prétend qu'il s'agit de la coutume et lui demande des comptes sur ses sept jours de gouvernement. Pas question de rendre des comptes à qui que ce soit – sauf au Duc, s'il le réclame ! Les rieurs riant moins arrêtent là l'histoire ; ils le laissent prendre la route. On lui offre un accompagnement pour son voyage, une suite ? Il refuse. Ce Cincinnatus espagnol demande juste un peu d'avoine pour son grison, un demi-fromage et une miche de pain pour lui : le prix du bonheur. Puis il retrouve sa liberté. Il faut imaginer Sancho heureux.

La chevauchée fantastique dans le cosmos sur place

Sancho revient près de son maître « dont la compagnie lui était plus précieuse que tous les gouvernements du monde » (II.393). Sur le trajet, il tombe dans un trou au milieu de masures en ruine et se retrouve, toujours assis sur son âne, au fond d'une fosse dont il ne peut sortir. Il y voit son heure venue et songe que la veille il était encore gouverneur de son île ! Il y passe la nuit. Au lever du jour, il découvre un passage dans lequel il conduit son petit animal. Et, miracle romanesque, Don Quichotte passe par là et entend la plainte du bon Sancho Pança. Le chevalier quichottise, bien sûr, et croit que son valet mort lui parle de l'au-delà, peut-être même du purgatoire – il lui dit qu'il existe des prières pour accélérer le mouvement vers le paradis…

L'âne brait ; Don Quichotte le reconnaît plus sûrement que lorsqu'il s'agissait de la voix de Sancho ! Le maître pique sa bête et va au château ducal chercher de l'aide. D'abord, le Duc et la Duchesse s'étonnent que Sancho ait quitté son archipel sans les informer ; ensuite, ils envoient leurs gens munis de cordes et cordages. Don Quichotte revient avec de l'aide : « On hissa Sancho et son baudet de ces épaisses ténèbres pour le ramener à la lumière du soleil » (II.405). Sancho l'épicurien expérimente alors l'allégorie de Don Quichotte, son maître platonicien : il est descendu dans la caverne, il a vu la vérité, il revient à la lumière. Dialectique descendante, dialectique ascendante. Il faut imaginer Sancho sachant…

Le valet répète ce qu'a vécu le maître en chutant lui aussi dans un gouffre avant de remonter à la surface et de revenir à la lumière à Montesinos. Rappelons les faits : Don Quichotte part volontairement explorer cette grotte. Son ouverture se dissimule dans les broussailles, on y trouve des ronces, mais aussi un figuier – un arbre à grosse charge symbolique. Le chevalier se fait attacher et, avant de descendre, invoque Dieu et Dulcinée. Il taille à l'épée tout ce qui interdit l'entrée ; des corbeaux, des corneilles, des chauves-souris s'envolent. Don Quichotte descend, descend, descend. Il semble loin du monde. La corde a du mou, elle donne l'impression de descendre encore alors que le chevalier serait arrivé. Au bout d'une heure, Sancho et le cousin qui l'assiste remontent l'impétrant : silencieux, il a les yeux fermés, on l'étend sur le sol, il y reste un long temps endormi – les secousses des deux comparses restent sans effet… Il revient à lui, ravi, béat, radieux. Il demande d'abord à manger ; ils mangent.

Qu'a-t-il vu ? Lors de sa descente, une grande cavité capable de contenir un chariot et ses mules ; elle semble éclairée par des orifices en relation avec la surface. Don Quichotte y entre et s'y repose. C'est le moment où Sancho a ressenti du mou dans la corde. Le chevalier s'endort. Il a une vision : il se réveille au milieu d'une magnifique prairie, se frotte les yeux, se tâte de partout et dit avoir alors la certitude de ne pas rêver ni dormir – mais *quid* de la matière d'un rêve dans un songe qui semble lui-même une fiction rapportée dans un roman dont l'auteur n'apparaît qu'avec le filtre d'un traducteur et la parole d'un narrateur ? Rêver qu'on rêve peut donner l'impression d'être dans la réalité ! Le Quichotte nous a habitués…

Il voit un palais aux murs de cristal dont sort un vieillard à longue barbe, magnifiquement vêtu, qui égrène un chapelet aux grains gros comme des noix et des œufs d'autruche. Il s'agit de Montesinos auquel on doit des exploits de chevalerie. Il attendait son visiteur depuis longtemps pour lui donner à connaître et à révéler au monde ce qu'il apprendra dans cette caverne. Montesinos le conduit dans une pièce où gît un chevalier emblématique, Durandart, enchanté par Merlin – l'hôte de ces lieux lui aussi est retenu par le même enchanteur. Montesinos a détaché le cœur du chevalier puis l'a montré à sa dame, Belerma, elle aussi enchantée et retenue dans le palais avec de nombreux personnages. Montesinos annonce à

Durandart que Don Quichotte, fameux et célèbre pour ses exploits de chevalier errant, vient pour délivrer tout ce monde de leur enchantement. D'une voix faible, Durandart dit son accord et ajoute : « S'il n'y parvient pas, on bat les cartes et on remet ça ! » (II.172).

Des cris, des larmes, des gémissements, des sanglots parviennent d'une autre pièce où se déroule une procession de jeunes beautés magnifiquement habillées, mais en habit de deuil ; il s'agit des servantes du chevalier. Une dame ferme la marche et porte le cœur desséché dans un mouchoir ; c'est Belerma qui vient, comme quatre fois par semaine, pleurer son amour mort. Le gardien du tombeau explique que cette dame fut très belle, mais que les veilles continuelles, les pleurs constants, expliquent son teint blafard – sans quoi elle serait aussi belle, voire plus, que Dulcinée. Ce qui fâche Don Quichotte. Son interlocuteur s'excusant de cette comparaison mal venue, ils continuent à deviser pendant trois jours. Temps d'en haut, une heure ; temps d'en bas, trois jours...

Dans cette caverne, Don Quichotte y voit Dulcinée et les deux filles qui l'accompagnaient – suite à la machination de l'écuyer... Elles font des cabrioles dans un champ. Dulcinée s'enfuit à l'approche du chevalier. Mais l'une de ses amies vient vers lui pour l'assurer de l'affection de la dame à son endroit et lui demander de donner régulièrement des nouvelles. Elle ajoute que cette dernière a besoin d'argent. Don Quichotte donne ce qu'il a. Elle promet un remboursement dans les meilleurs délais, puis fait une cabriole qui la soulève dans les airs. Sancho qui n'oublie pas la farce faite à son maître avec Dulcinée sait que Don Quichotte délire. Il déplore cette déraison. Mais Quichotte quichottise : il sait bien, lui, que ce qu'il a vu est vrai ! Pour sa part, Sidi Ahmed Benengeli revient dans le jeu romanesque et affirme lui aussi que tout cela semble un tissu d'invraisemblance et qu'au moment de mourir, Don Quichotte aurait reconnu avoir inventé cette histoire…

Dans cette grotte, Don Quichotte a *vu* la confirmation de son idéal : il existe bien des chevaliers merveilleux, des enchanteurs tout-puissants, des dames éprises d'amour, des cœurs desséchés d'amants morts, mais toujours arrosés des larmes de leurs belles, il s'expérimente bien des temps d'éternité n'ayant rien à voir avec les temps de la temporalité, on y vit sans boire, sans manger, sans dormir, comme des anges qui annoncent le corps glorieux amené à connaître la vie éternelle d'après la résurrection. Et, puisqu'il en est de la nature de Don Quichotte de *voir ce qu'il croit*, là où Sancho se contente de *croire ce qu'il voit*, la caverne est bien faite de l'étoffe des songes – la même étoffe que celle qui trame la vie du chevalier.

La grotte de Montesinos est le cœur nucléaire du principe de Don Quichotte : dans cette forge, la matrice idéale des idées brille de tous ses feux.

Don Quichotte a vu ce qu'il croit, dès lors, il a cru ce qu'il a vu – puisqu'on ne peut désirer et ne pas croire en la vérité de son désir. Il a pris son désir pour la réalité, et la réalité est devenue son désir. Dans cet antre de verre où l'on meurt en restant vivant, où l'on vit en mourant, où l'on parle même si l'on a le cœur arraché, où manque la preuve du corps vivant (manger, boire, dormir), où une heure se compte en trois jours et trois nuits, l'idéal est plus vrai que la vérité.
Don Quichotte et Sancho Pança ont donc connu le *centre de la terre*, ils y ont vu chacun à leur manière, en fonction de ce qu'ils sont : un monde idéal pour Don Quichotte le platonicien, un monde concret pour Sancho l'épicurien. Le premier a vu des fictions, un magicien, des morts vivants, un temps intemporel, des corps incorporels ; le second, une anfractuosité bien concrète dans laquelle il imaginait son heure venue. Sous le signe allégorique du figuier pour le chevalier, arbre de la connaissance, de la venue du Messie, de la lecture de la Torah, du retour du printemps en Israël et de la vérité idéale des fictions ; sous le signe trivial des gravats et des ruines de maisons effondrées pour l'écuyer, paysage immanent.

Les deux compères vont également connaître le *cœur du ciel*, de sorte qu'ainsi ils auront expérimenté le cosmos dans toute son étendue. Ce voyage est une nouvelle machination du couple diabolique du Duc et de la Duchesse. Une intermédiaire, la Trifaldi, propose un voyage « au royaume de Candaye » (II.286) où se trouvent des épileuses susceptibles d'enlever les barbes disgracieuses des duègnes, une (prétendue) malédiction envoyée par le géant Malambrun.

Un cheval de bois, avec lequel un chevalier eut jadis de grandes et belles aventures, permet d'atteindre ce royaume à la vitesse de l'éclair. On pilote cet animal, une créature de Merlin, avec une cheville de bois qu'il a sur le front (II.286) – plus loin, elle se trouve sur l'encolure (II.291). Elle permet à la monture de monter, de descendre, de garder un cap, de raser le sol. Ce cheval ne mange ni ne boit ni ne dort. On ne le ferre pas. Il amble dans les airs sans ailes d'une façon tellement régulière et calme qu'on peut boire un verre sur son dos sans en renverser le contenu. Il s'appelle Chevilignenx le Véloce. La Cour entend que Don Quichotte et Sancho le chevauchent tous les deux. L'écuyer résiste. Finalement, il se rend aux arguments de la comtesse Trifaldi la velue.

Pour éviter l'étourdissement que ne manquera pas de provoquer la grande altitude, on conseille aux deux comparses de se bander les yeux. Don Quichotte prend place, Sancho s'installe sur la croupe. Il la trouve un peu dure, demande un coussin ou un oreiller, on lui conseille plutôt de monter en amazone – il y consent... Il sollicite l'assemblée pour des prières, ce qui énerve son maître qui voudrait un peu plus de décence. Don Quichotte active la cheville ; les duègnes et ceux qui les accompagnent s'écrient « vous provoquez déjà l'étonnement et l'admiration de tous ceux qui vous regardent de la terre » (II.295). Début de la supercherie.

Plein de bon sens, Sancho fait remarquer à son maître qu'il est étrange que ces voix venues théoriquement de si loin semblent pratiquement si proches. Don Quichotte ne trouve rien d'anormal dans un voyage si peu normal. Il sent le vent – en effet, les truqueurs actionnent de grands soufflets… Don Quichotte annonce le passage de « la seconde région des airs, où se forment la grêle et la neige ; le tonnerre, la foudre et les éclairs se forment dans la troisième région ; et si nous continuons à monter à cette allure, nous parviendrons bientôt dans la région du feu » (II.296) – Don Quichotte connaît son Ptolémée sur le bout des doigts, mais, resté sur terre, il lui faut beaucoup d'imagination pour imaginer qu'il se trouve dans un endroit du ciel aux alentours de zéro degré… Les truqueurs précèdent le Quichotte et enflamment des bouts de tissu accrochés à de longues perches approchées du visage des cavaliers. Le Duc, la Duchesse se tordent de rire. Bouquet final : leurs gens de main mettent le feu à la queue du cheval de bois. Le corps du cheval bourré de pétards explose. Les deux comparses tombent, à demi enflammés. Reprenant leurs esprits là même où ils étaient partis, et pour cause, ils découvrent un parchemin dont le texte annonce que Don Quichotte a réussi et que les duègnes sont redevenues glabres.

À la Duchesse qui lui demande ses impressions, Sancho répond : « Comme je suis d'un naturel curieux et que j'aime bien faire ce qui m'est défendu, sans que personne s'en aperçoive j'ai soulevé ce mouchoir à peine un peu, au-dessus du nez » (II.298). Puis il dit ce qu'il a vu : une terre pas « plus grosse qu'un grain de moutarde, et les hommes qui marchaient dessus n'étaient pas beaucoup plus gros que des noisettes ; ce qui montre à quel point nous devions voler haut » (II.299). S'il dit vrai sur le bandeau, il ment sur ce qu'il a vu ; s'il ment sur ce qu'il a vu, il dit faux sur le bandeau.

La Duchesse rétorque que s'il a bien vu ce qu'il dit avoir vu, il n'a pas pu repérer sur une chose grosse comme un grain de moutarde une autre de la taille d'une noisette… Malin, Sancho affirme que le vol s'effectuant par enchantement, c'est aussi par enchantement qu'il a pu constater ce genre de prodige optique ! Il ajoute qu'avec ce bandeau glissé, il a vu d'autres choses dans le ciel : il a joué avec les sept chevreaux de la constellation des Pléiades. Après avoir trompé la vigilance de son maître, il est en effet descendu du cheval pour s'amuser une petite heure pendant que Cheviligneux l'attendait… Don Quichotte rétorque qu'il est impossible qu'il en ait été ainsi : la proximité avec le feu les aurait consumés ! Sancho décrit les petites bêtes : deux étaient vertes, deux rouges, deux bleues et une mélangé… Chacun comprit que Sancho était prêt à raconter ce que l'on voulait bien entendre de lui. L'affaire s'arrête là. Mais ceci encore : Don Quichotte s'approche de l'oreille de son comparse et dit : « Sancho, si tu veux que je croie ce que tu as vu dans le ciel, il faut que tu croies ce que j'ai vu dans la grotte de Montesinos. Je ne t'en dis pas plus » (II.300). Concluons que c'est bien dommage…

Le syllogisme de la petite et de la grosse commission

Certes, il faut imaginer Sancho heureux, mais il faut aussi l'imaginer habile logicien, excellent manieur de rhétorique ! Voici comment l'écuyer argumente : « Et maintenant, monsieur, est-ce que vous oseriez nier qu'on dit souvent de quelqu'un qui n'est pas dans son assiette : "Je ne sais pas ce qu'a untel en ce moment, mais il ne mange plus, il ne boit plus, il ne dort plus, il répond tout de travers à ce qu'on lui demande : on dirait vraiment qu'il est enchanté" ? D'où je conclus que ceux qui ne mangent pas, qui ne boivent pas, qui ne dorment pas, et qui ne font pas ces besoins naturels dont je viens de parler sont enchantés ; et puisque vous, monsieur, vous avez ces besoins-là, que vous buvez ce qu'on vous donne, que vous mangez quand vous avez de quoi et que vous répondez dès qu'on vous parle, c'est que vous ne l'êtes pas. » Autrement dit, prémisse majeure : toute personne enchantée ne boit plus, ne mange plus, ne dort plus, ne défèque plus ; prémisse mineure : or, Don Quichotte boit, mange, dort et défèque ; conclusion : donc, Don Quichotte n'est pas enchanté... Imparable !

Mais imparable n'est pas quichottesque ! Le chevalier rétorque : « Ce que tu dis là est vrai, Sancho, mais je t'ai souvent expliqué qu'il y a différentes sortes d'enchantements. Et puis, il est possible qu'avec le temps les choses aient changé, et qu'aujourd'hui ce soit l'usage que les enchantés fassent tout ce que je fais, alors qu'auparavant ils ne le pouvaient pas. Chaque époque a ses coutumes, et on ne doit pas les remettre en questions ni en tirer des conclusions hâtives. Pour moi, je sais, je suis certain qu'on m'a enchanté ; cela suffit à rassurer ma conscience, qui serait lourdement chargée si je pensais que je ne l'étais pas » (I.489). Tout le mécanisme de la mauvaise foi se trouve exposé au grand jour dans cette repartie du Quichotte : Sancho a raison, mais Quichotte n'a pas tort, même s'il dit le contraire. Le principe de non-contradiction ne fait plus la loi chez le dénégateur pour lequel une chose peut être aussi vraie que son contraire. Autrement dit, le syllogisme de l'écuyer est juste ; mais il est également faux ; puisqu'une tierce considération permet de dire autre chose.

Le raisonnement logique de Sancho ne fonctionne que pour un certain type d'enchantement ; dès lors, il cesse d'être pertinent sur un enchantement autre. Ainsi, la formule *quiconque est enchanté ne mange ni ne boit ni ne dort ni ne défèque* est juste ; mais l'autre formule *quiconque est enchanté peut manger boire dormir et déféquer* s'avère tout aussi juste ! Ce qui revient à dire : une chose est vraie, son contraire aussi. Le principe de Don Quichotte qui nomme la déraison pure suppose la pulvérisation de la logique, du bon sens et du sens commun. Tout est vrai, donc le faux aussi. Le faux devient une modalité du vrai.

L'impératif catégorique du dénégateur est le suivant : « Dans ce bas monde, tout n'est qu'apparences et illusions contradictoires » (II.217) – *dixit* le Quichotte… Dès lors, le vrai et le faux, le réel et la fiction, ce qui est et ce qui n'est pas relèvent de la même modalité : l'illusion. Il faut donc bien que le réel n'ait pas lieu, puisque seul adviennent des fictions et qu'une fiction en vaut bien une autre puisqu'on ne dispose jamais d'aucun moyen de faire la part des songes. Calderón le dira bientôt : « La vie est un songe » – à quoi il faudrait ajouter, pour être cohérent, est songe aussi l'affirmation que la vie est un songe. Où nous retrouverions le paradoxe du menteur et les joies de la dialectique d'Épiménide !

Or, Don Quichotte est capable de savoir que le réel est. Il n'est victime de la dénégation qu'en matière de chevalerie. Dès qu'il s'agit d'autre chose, il est lucide ; il peut même faire preuve d'une intelligence remarquable. Pour rester dans le registre scatologique de Sancho (qui estime qu'un enchanté ne défèque pas et que Don Quichotte déféquant, c'est donc qu'il n'est pas enchanté…), le chevalier et son maître peuvent se retrouver sur un même réel et y *consentir* – si je puis me permettre le mot, on va voir pourquoi...

Dans la nuit, les deux hommes entendent des bruits – le délire de Don Quichotte transforme évidemment ces sons en graves menaces, en inquiétantes étrangetés. Inquiets par ce vacarme qu'ils perçoivent non loin d'eux, ils décident d'attendre le lever du jour pour partir à la rencontre de ces probables enchantements ! Pour agrémenter un peu la nuit en attendant le sommeil, ils devisent.

« Sur ces entrefaites, soit à cause de la fraîcheur du matin qui commençait à se faire sentir, soit qu'il eût mangé quelque chose de laxatif, ou – c'est le plus probable – par un effet de la nature, Sancho eut envie de faire ce qu'un autre n'aurait pu faire pour lui ; mais si grande était sa peur qu'il n'osait s'écarter d'un pouce de son maître. Quant à essayer de se retenir, c'était impossible. Alors, pensant tout arranger, il lâche l'arçon arrière qu'il tenait de la main droite, et discrètement, sans faire de bruit, détacha l'aiguillette qui soutenait à elle seule ses culottes, de sorte qu'elles lui tombèrent aussitôt sur les talons et lui restèrent aux pieds comme des entraves. Après quoi, il leva sa chemise du mieux qu'il put et mit à l'air ses deux fesses, qui n'étaient pas petites. Cela fait – et lorsqu'il croyait avoir achevé le plus difficile pour sortir de cet embarras cruel et pressant –, il en survint un autre, plus terrible encore : il lui parut qu'il ne pourrait se soulager sans laisser échapper quelques sons plus ou moins violents. Il serra les dents, remonta les épaules en retenant son souffle de toutes ses forces. Malgré toutes ces précautions, la malchance fit qu'il ne put s'empêcher de faire un peu de bruit, bien différent de celui qui provoquait sa frayeur » (II.183). Étonnement de Don Quichotte pour lequel le réel a bien eu lieu – en l'occurrence, sur un mode sonore. Sancho fait l'étonné, poursuit ce qu'il avait entamé, cette fois-ci sans bruit. « Mais Don Quichotte n'avait pas le nez moins fin que l'oreille, et comme Sancho était resté cousu à lui et que certaines vapeurs montaient presque en ligne droite, elles lui parvinrent inévitablement. Dès qu'il les eut senties, il n'eut d'autres recours que de se boucher le nez avec ses deux doigts. – Il me paraît, Sancho, dit-il d'une voix un peu nasillarde, que tu as eu très peur. – C'est bien vrai, monsieur. Mais qu'est-ce qui vous le fait penser en ce moment plutôt qu'à un autre ? – Parce qu'en ce moment tu sens particulièrement fort ; et ce n'est pas de l'ambre. » Sancho ne peut qu'acquiescer et renvoie la responsabilité sur son maître en prétendant qu'il n'avait pas besoin de le conduire dans pareil endroit inconnu à de telles heures. Il ajoute : « – Je parie, monsieur, que vous vous imaginez que j'ai fait quelque chose qu'on ne doit pas faire. – Sancho, ce sont là matières qu'il vaut mieux ne pas remuer » (II.185), conclut Don Quichotte. Sur ce, le jour se lève ; eux aussi.

Ils partent vers de nouvelles aventures et découvrent la raison du vacarme de la nuit : à défaut de manigances enchantées, il s'agissait du bruit de « six maillets d'un moulin à foulon » (II.186) ! Don Quichotte peut donc *entendre* le réel et le *sentir*… Son mal ne concerne donc qu'une partie de son être : celle qui renvoie à la chevalerie. Nul doute que si Sancho avait filé la métaphore, de la même manière qu'il est parvenu à faire prendre une simple paysanne pour Dulcinée, il aurait pu métamorphoser la mauvaise odeur réelle de son soulagement en bonne et belle odeur d'ambre virtuel laissée par le passage d'une demoiselle attachée au service de sa dame !

Le dénégateur souffre d'une schizophrénie, au sens étymologique : une coupure abîme son âme et la fend en deux morceaux comme deux moitiés d'orange : la première dit une chose, la seconde une autre chose – qui peut être, on l'a vu, le contraire de la première. Demi-fou, le dénégateur trompe son monde, car une partie de lui échappe à la folie et tient sur le discours tenu par l'autre partie un propos indépendant. Le demi-fou l'est à demi avec lui-même autant qu'avec les autres : le menteur sait qu'il travestit la vérité et la cache ; le dénégateur affirme deux vérités contradictoires et dit que la vérité étant contradictoire, on peut bien dire une chose et son contraire sans se contredire.

Je reçois ainsi régulièrement d'un traître emblématique l'hommage de ses ouvrages avec une dédicace qui se conclut toujours avec cet inévitable mot de conclusion : « loyalement » ! Et il ne plaisante pas – le dénégateur est souvent dépourvu d'humour… Don Quichotte n'en a pas ; Sancho, si ! Traître absolu, traître essentiel, traître emblématique, il l'est aussi avec lui-même, mais il ne le sait pas, et nierait farouchement l'être si on le lui en faisait la remarque. Normal ! Le propre du dénégateur est de nier sa dénégation, puis de la retourner sur autrui qu'il transforme en dénégateur. Le fou dit de l'homme sensé qu'il est fou ; dès lors, le fou peut se croire en bonne santé – bien qu'il soit vraiment fou !

Ainsi, Don Quichotte affirme à tort que le plat à barbe est un heaume de chevalier ; Sancho dit que le plat à barbe est un plat à barbe : le second dit du premier qu'il a « la cervelle dérangée » (I.238) et le premier du second qu'il a « l'esprit borné » (*id.*) ! Il n'empêche : Sancho dit vrai, donc quand il s'exprime sur Don Quichotte, il dit encore et toujours vrai ; Don Quichotte dit faux, dès lors, quand il s'exprime sur Sancho, il dit toujours faux. Être traité de fou par un fou relève de la bonne et saine logique du fou. La déraison a ses raisons, elle a sa logique aussi. Un dénégateur nie que la victime du déni dise vrai en affirmant qu'on le prive de son réel.

Mais pourquoi le dénégateur nie-t-il ce qui a eu lieu ? Parce que le réel lui renvoie de lui une image qui ne correspond pas à l'idée qu'il se fait de lui-même. Don Quichotte s'imagine chevalier et vit l'existence d'un second couteau ontologique : il échoue, il rate, il se fait rosser, tabasser, moquer, on rit de lui, on le bastonne, on s'amuse avec lui, on ricane sur son passage, mais il se voudrait un nouvel Amadis avec des exploits, des hauts faits, de la bravoure et de la grandeur, du courage et des combats victorieux. Il s'imagine étoile ; il est ver de terre.

Dans *Par-delà le bien et le mal*, Nietzsche montre en quelques mots le fonctionnement de la dénégation : « "Voilà ce que j'ai fait", dit ma mémoire. "Je n'ai pu faire cela", – dit mon orgueil, qui reste inflexible. Et finalement c'est la mémoire qui cède » (IV.68). Le philosophe allemand parle d'orgueil : faut-il y voir l'une des raisons qui fait que les Espagnols ont transformé en figure emblématique positive ce héros malmené sur plus de mille pages, cet homme qui échoue tout ce qu'il entreprend, ce doux dingue rêveur qui prend ses désirs pour la réalité, ce paranoïaque croyant que tout le monde lui en veut et que tous sont jaloux de lui, cet être de mauvaise foi jamais responsable de ses ratages toujours imputés à une cause extérieure, le fameux enchanteur, cet homme monomaniaque qui ne vit que pour devenir universellement célèbre grâce à ses exploits chevaleresques, cet esprit lunaire qui vit dans l'idéal et ne sait se mouvoir dans la réalité, ce dénégateur, donc, pour lequel ce qui a lieu n'a jamais eu lieu, et pour qui la fiction seule est vraie ? *Don Quichotte* comme roman de la tragédie de l'orgueil espagnol ?

Quoi qu'il en soit, Nietzsche a raison d'opposer le travail de la mémoire et celui de l'orgueil, autrement dit : les logiques de l'histoire (qui inquiètent) et les folies de la passion (qui rassurent). Ce conflit entre le sang froid de ce qui a eu lieu et le sang chaud de ce qui pourrait être, ce combat entre ce qui est et la virtualité, cette lutte entre la modestie du réel et l'arrogance des idées, entre l'immanence épicurienne et l'intelligible platonicien, entre « le sens de la terre » nietzschéen et le transcendantalisme kantien, cette dialectique, donc, produit en effet d'infinies contorsions dont le déni naît.

La dénégation pousse comme une fleur du Mal sur le fumier d'un orgueil immodéré : on se croit grand, fort, beau, on s'imagine puissant, important, on se rêve immense, on se figure célèbre, connu, on s'envisage vertueux ; or, on est le contraire, l'inverse : petit, faible, laid, impuissant, quelconque, ridicule, inconnu, ignoré, vicieux. On s'estime, donc on se dit, princesse, généreuse, magnanime, bienveillante, compatissante, partageuse, altruiste ; on est fée Carabosse, intéressée, égoïste, mesquine, petite, méchante, jalouse. La mémoire dit : « fée Carabosse » ; l'orgueil affirme : « Princesse »... La mémoire plie ; l'orgueil triomphe. Tout ce qui montre la laideur disparaît et n'a pas eu lieu ; tout ce qui dévoilerait la beauté, et qui n'a pas eu lieu, devient vérité de substitution : le monde du dénégateur est un monde de remplacement, un univers dans lequel ce qu'on n'est pas parvenu à être laisse toute la place à ce qu'on aurait voulu être, et qui devient le *vrai*...

Pas de magicien extérieur au dénégateur, donc. Mais une force en soi qui travaille à préserver l'idée qu'on se fait de soi quand la mesure de soi à cette idée trahit un trop grand écart : l'ami qui a volé et trahi, la femme ou l'homme qui a menti, berné, la mère ou le père ayant frappé son enfant, l'individu qui a violé, la personne qui a dénoncé, l'être qui a envoyé une lettre anonyme ou téléphoné au milieu de la nuit pour mortifier, et tous ceux qui ont commis le mal ne peuvent se supporter en voleur, en traître, en violent, en menteur, en violeur, en dénonciateur, en calomniateur. La dénégation permet au vice de se présenter sous les atours de la vertu. Avec elle, le crime se montre comme une honnêteté offensée.

Don Quichotte *s'imaginait* nouvel Amadis, fils de Renaud de Montauban, frère de Roland de Roncevaux, cousin de Bernardo del Carpio, parent de Florimort d'Hyrcanie ou de Palmerin d'Angleterre, apparenté à une théorie de chevaliers grands et valeureux ; *il ne fut que* Don Quichotte vêtu d'une armure rouillée, protégé par un heaume bricolé avec du carton, juché sur un cheval efflanqué, accompagné d'un écuyer pansu, amoureux d'une fiction, collectionneur de rixes bas de gamme, habitué des auberges crasseuses, jouet de la moquerie des grands ; *il fallait bien qu'il fût* autre chose que ce qu'il avait été. *Don Quichotte* triomphe en roman existentiel qui montre la tragédie des hommes sous forme d'une comédie grinçante et drolatique. Puisqu'il n'a pas vécu la vie qu'il imaginait, Don Quichotte a imaginé la vie qu'il a vécue. Pour combien d'humains sur la planète ce fut, c'est et ce sera le cas ? Le livre de Cervantès le montre à mi-chemin du rire et des pleurs – voilà pourquoi c'est un chef-d'œuvre.

Prévoir les mystères du passé

Don Quichotte rencontre Maître Pierre dans une auberge : vêtu de daim, le visage à demi dissimulé sous un emplâtre de taffetas vert, accompagné par un singe qui prédit l'avenir et des marionnettes qui jouent *La Délivrance de Mélisande*, un spectacle tout à fait dans les cordes du chevalier, puisqu'il s'agit de montrer la libération d'une dame par son preux chevalier ! De quoi exciter passablement le lecteur des romans de chevalerie. Un singe grimpé sur son épaule répond aux questions posées par le public – pourvu qu'elles concernent le passé plus que l'avenir…

Maître Pierre aime les femmes, mange bien, boit beaucoup, parle avec faconde et conviction. Il prend de l'argent pour révéler un peu de présent, jamais d'avenir, mais, la plupart du temps, du passé – une performance qui n'épate pas Sancho pour qui savoir ce qui a eu lieu ne présente aucun intérêt puisque, sur ce sujet, il en sait autant que son prétendu devin de village. Toutefois, malin, il veut bien savoir un présent bien particulier : il demande ce que fait sa femme au moment précis où il interroge le montreur de marionnettes. Il

sollicite le singe qui lui grimpe sur l'épaule, effectue des mouvements de bouche à l'oreille de son maître et saute à terre. Maître Pierre se jette aux pieds de Don Quichotte en qui il reconnaît le maître de la chevalerie errante auquel il rend hommage. Stupéfaction du chevalier. Puis le diseur de présent apprend à Sancho que son épouse carde du lin avec un pichet de vin à portée de gosier… Après avoir sidéré l'assemblée, Maître Pierre propose de la divertir gratuitement avec son théâtre de marionnettes. Mais Don Quichotte confie à Sancho que ce devin a dû passer un pacte avec le diable pour pouvoir prévoir ainsi le mystère du présent ! Le chevalier tient pour un pacte faustien : le marionnettiste a conclu avec le démon qu'en échange du talent de son singe à prévoir le passé, voire le présent, il deviendra riche puis « livrera son âme au démon » (II.190). Seul un savoir du diable permet de connaître le passé et le présent, affirme le chevalier, car « il n'est donné qu'à Dieu de connaître le temps dans sa totalité ; pour lui, il n'y a ni passé ni futur, tout est présent. Ce singe parlerait donc la même langue que le diable » (*id.*).
Sancho veut tester le singe et souhaite le questionner sur le passé de la grotte de Montesinos : le valet ne croit pas que ce que Don Quichotte a vu dans ces entrailles de la terre soit vrai ; Don Quichotte, si, bien sûr. La question est posée au singe, qui répond tout bas à l'oreille de son maître

– qui rapporte la réponse à haute voix : « Le singe dit que ce que vous avez vu dans la grotte est en partie faux et en partie vrai ; sur cette question, il n'en dit pas plus » (*id.*). Il ajoute que, pour de plus amples informations, il faudra attendre quelques jours car, pour l'instant, son petit animal a perdu son pouvoir qui ne lui reviendra pas avant le vendredi suivant. En attendant, il cite en latin une parole de saint Jean : « Ajoutez foi aux actes, pas aux paroles » (X.38).

Maître Pierre installe les tréteaux, allume les chandelles sur le petit théâtre portatif. Un jeune garçon s'installe devant et commente l'action comme le chœur dans le théâtre grec. Derrière la toile sonnent les timbales et les trompettes ; l'artillerie semble tonner. Le coryphée d'occasion annonce une « histoire véridique » (II.193) – en l'occurrence une histoire de chevalier ! Il raconte l'aventure de Mélisande, prisonnière des Maures, par don Gaïferos, son époux, qui doit sauver son honneur en délivrant sa dame. Et le jeune garçon d'étoffer le récit des aventures dans lesquelles se mélangent le sens de l'honneur et les affronts, le courroux et la parole donnée, l'armure et l'épée, la tour et le balcon, l'humiliation et la faute, la robe blanche et les longs cheveux, le cheval et l'enlèvement…

Don Quichotte prend le garçon au mot : l'histoire est vraie, le voici qui intervient dans la fiction comme s'il s'agissait de la réalité : il attaque à l'épée le théâtre de marionnettes. Il décapite, il estropie, il sectionne, il coupe, il taille, il abat, il envoie des coups sans regarder et manque de peu la décollation de Maître Pierre, il renverse les tréteaux, il massacre les figures en carton, les décors, les personnages. Le singe a pris peur, il s'est réfugié sur un toit. Le propriétaire du petit théâtre voit son instrument de travail ravagé. Sancho avoue n'avoir jamais vu son maître dans une pareille colère. Maître Pierre avoue qu'il est ruiné ; Sancho assure que son maître « si bon catholique et chrétien si scrupuleux » (II.198) ne manquera pas de le dédommager quand il s'apercevra des conséquences de sa colère.

Don Quichotte prétend n'être à l'origine de rien dans ce saccage et explique pourquoi, une fois de plus, le réel n'a pas eu lieu : « Ces enchanteurs qui me persécutent me mettent d'abord devant les yeux les choses telles qu'elles sont, puis les changent et les transforment à leur convenance. En vérité messieurs qui m'écoutez, je vous le dis : j'ai pris au pied de la lettre tout ce qui s'est passé devant moi. Et j'ai cru que Mélisande était Mélisande, Gaïferos, Gaïferos, Marsile, Marsile et Charlemagne, Charlemagne » (II.198). Conséquence : « Si la chose a mal tourné, ce n'est pas ma faute, mais celle des méchants qui me persécutent. Bien que ma bonne foi ne soit pas en cause, je tiens à réparer mon erreur et à me condamner moi-même aux dépens » (II.199), il offre de payer ce qu'on lui demandera.

Maître Pierre lui réclame une somme pour chaque forfait. Le chevalier accepte ou bien Sancho négocie. Mais il arrive que Don Quichotte refuse. Ainsi le marionnettiste lui montre la poupée en carton de la belle Mélisande : elle a perdu un œil et le nez. Don Quichotte refuse de payer puisque Mélisande, à l'heure qu'il est, en vertu de ce qui a été raconté dans la fiction, ne se trouve plus en Espagne, mais en France, transportée sur le dos du cheval de Gaïferos, il ne peut donc s'agir de cette femme qu'on lui montre borgne et sans narines ! Pas question de payer pour une usurpatrice. Maître Pierre a compris, il veut bien changer son identité, elle devient alors dame de compagnie de Mélisande. Le chevalier consent ; il touche alors son dédommagement. Puis ils dînent tous ensemble, aux frais du dénégateur.

Le réel qui a eu lieu n'a pas eu lieu, mais la fiction est donc bel et bien réelle, même s'il consent à la pluralité des mondes vus, en vertu de l'enchantement qui ne fonctionne qu'à l'endroit des chevaliers ! Don Quichotte a raison, ceux qui disent le contraire de ce qu'il prétend n'ont pas tort. Tout le monde dit vrai, selon lui, mais lui dit plus vrai que les autres qui disent moins vrai. Dans le monde autiste du chevalier, il y a en effet une échelle des valeurs, et lui le dénégateur se situe à la pointe la plus aiguë de la vérité... Don

Quichotte d'affirmer, sentencieux comme tous les dénégateurs : « Marchons droit et raisonnons juste » (II.200) – pendant qu'il marche de travers et raisonne en biais !

Le discours de Don Quichotte est le prototype du discours de la dénégation : s'il ne voit pas ce que les autres voient, mais autre chose, cette autre chose que personne ne voit est plus vraie que ce que tous les autres constatent. Il a raison tout seul, contre tous. Il peut être le seul à voir une chose, le monde entier peut bien lui prouver qu'il fait erreur, il consent à laisser les autres se tromper de bonne foi, mais persiste dans son déni. Le processus de la croyance se nourrit de dénégation : ce qui est constatable ne se constate pas, mais l'on constate ce qui ne se constate jamais, mais se croit. Le dénégateur fonctionne à l'acte de foi, la raison arrive ensuite, pour donner un tour logique à la déraison pure.

L'histoire ne manque pas de partisans de la déraison pure et les récits déraisonnables abondent : un Dieu qui ouvre la mer en deux pour laisser passer son peuple et, poli, la referme derrière lui ; la naissance d'un enfant à Nazareth avec une colombe pour géniteur, malgré, bonne pâte, un père charpentier ; les miracles d'un beau parleur qui ressuscite les morts, rend la vue aux aveugles et la marche aux paralytiques ; l'apparition de la Vierge dans des grottes en pleine période industrielle ; la résurrection d'une chair incorporelle pour l'éternité ; l'espoir d'une vie paradisiaque associé à la vertu de la décapitation révolutionnaire ; les miracles des pays du socialisme réel où les vaches donnent dix fois plus de lait sous un drapeau rouge à faucille et marteau que partout ailleurs ; la prospérité libérale du paradis capitaliste où le ghetto et le bidonville prouvent l'excellence de la méthode ; la beauté de l'Europe des marchés qui paupérise à tour de bras, mais pour le bonheur du plus grand nombre ; les prodiges de la pensée magique freudienne qui soigne des pathologies psychiques avec des jeux de mots ; la raison lacanienne qui fait du calembour une méthode très rentable et nette d'impôts ; le paradis des vierges réservé aux meurtriers de Dieu qui se voient servir du vin et du porc dans leur empyrée – les occasions n'ont pas manqué en Occident de transformer des fictions en réalité, de transmuter des illusions en certitudes admirables, de rendre un culte aux vessies sous prétexte qu'il s'agissait de lanternes, puis d'en faire une religion avec des millions de disciples agenouillés. Don Quichotte est le prototype du croyant, en l'occurrence du croyant chrétien. Cervantès consacre mille pages à rosser ce catholique exalté...

La dénégation est aussi vieille que le monde. Mais le mot date de 1390 et renvoie à *dénier* qui, lui, remonte à 1160. Dénier emprunte au latin « nier fortement, dire que non, refuser », de *de* intensif et *negare* nier. Voici comment Alain Rey le définit dans son *Dictionnaire historique de la langue française* : « Vx. (1160) refuser de reconnaître comme vrai (un fait, une assertion). » Au sens moderne : « Refuser de reconnaître comme sien (un acte critiqué). »

Pour *dénégation* : « Vers 1390 en droit ; emprunté au latin chrétien *denegatio* "reniement", formé sur le supin *denegatum* de *denegare* – dénier. » Premier sens : « (1796, Restif) Courant. Action de dénier (qqch.) ; paroles de déni. » Second sens : « Droit. Refuser de reconnaître l'exactitude d'un fait allégué ou d'une assertion avancée par l'adversaire, au cours d'une instance. Dénégation d'écriture : refus du défendeur de se reconnaître l'auteur d'une écriture, d'une signature. » Troisième sens : « (1967) Psychanalyse. Refus de reconnaître comme sien un désir, un sentiment jusque-là refoulé, mais que le sujet parvient à formuler. »

Aujourd'hui, la dénégation semble exclusivement un terme de psychanalyse mais, on le voit, le sens très tardif que lui donnent les partisans du divan accuse presque mille ans de retard... L'étymologie renvoie au reniement et fait évidemment penser à celui de saint Pierre à qui le Christ en avait prédit trois avant que le coq ne chante. À trois reprises, en effet, Pierre dit à ceux qui affirment l'avoir vu en présence de Jésus, alors arrêté et inquiété : « Je ne sais pas de quoi tu parles » (Math. XXVI.70), puis : « Je ne connais pas cet homme » (XXVI.72), enfin : « Il commença à dire des anathèmes, il jurait : Je ne connais pas cet homme » (XXVI.74). Cette dénégation est un mensonge, car Pierre sait qu'il était un compagnon du Christ, mais il tait cette information par peur des représailles. Le triple reniement de Pierre est un triple mensonge. Rien à voir avec un dénégateur qui penserait dur comme fer n'avoir jamais connu Jésus alors qu'il aurait été l'un de ses apôtres : Pierre a peur, il dissimule une vérité qu'il sait vraie pour éviter de suivre son maître dans l'infortune qui s'annonce. Don Quichotte ne pratique jamais ce reniement qui est mensonge, car il dit toujours *sa* vérité, qui est erreur et fausseté. Il est de bonne foi quand il ne voit pas des moulins mais des géants.

Quand Sancho dit qu'il a rencontré Dulcinée, alors qu'il sait que ça n'est pas vrai, il n'est pas dans le déni, mais dans le mensonge. Pour qu'il y ait dénégation au sens où je l'entends, il faut une autre dimension qui suppose une coupure entre soi et soi. Le dénégateur se ment à lui-même et l'ignore, bien sûr. Dans la construction du sens que je propose, il faut prendre en considération la dénégation freudienne, certes, mais la penser en dehors de l'*a priori* idéaliste, libidinal et topique qui est le sien. Freud propose une définition qui exige la croyance à sa fiction de l'inconscient psychique, il empêche de ce fait une lecture en dehors des clous de sa doctrine.

La dénégation chez Freud traduit le terme allemand *die Verneinung*, la négation, un concept de 1925. Laplanche et Pontalis le définissent ainsi dans leur *Vocabulaire de la psychanalyse* : « Procédé par lequel le sujet, tout en formulant un de ses désirs, pensées, sentiments jusqu'ici refoulé, continue à s'en défendre en niant qu'il lui appartienne. » Freud dit avoir constaté dans sa pratique l'arrivée d'un moment dans la cure où, grâce à son efficace, ce qui se trouve enfoui dans les ténèbres de l'inconscient remonte à la surface de la conscience, passe le barrage de la censure et se manifeste clairement au sujet qui, ne voulant consentir à ce qu'il découvre, refoule l'information et la nie. La dénégation nomme ce processus dynamique dans le jeu de la psyché.

Or, la dénégation déborde la seule logique freudienne du divan, de la thérapie et du jeu analytique. Don Quichotte n'a pas horizontalement fréquenté le 19, Berggasse, et le tropisme dénégateur s'avère pourtant permanent chez lui. Cette vieille logique apparaît probablement dans le mécanisme analytique, mais pas seulement, car elle surgit partout ailleurs dans la vie. Pourquoi pas dans le cabinet du psychanalyste, bien sûr ! La dénégation est un mécanisme universel de défense existentiel découplé de la dialectique de l'analyse. Le roman de Cervantès nous en montre le mécanisme sur la longue durée du texte.

Je tiens pour une explication matérialiste de la dénégation : allons voir du côté de l'éthologie, du marquage de territoire, des glandes de mammifères, des déjections animales, des logiques musculaires plus que cérébrales pour l'expliquer… Dans la dénégation se révèle un étrange paradoxe qui fait dire à l'acteur d'une situation dans laquelle il ne s'est pas bien comporté : « Ce réel n'a pas eu lieu, donc le réel n'a pas eu lieu… » Le voleur n'a pas volé, le menteur n'a pas menti, le parjure n'a pas parjuré, le traître n'a pas trahi, le renégat n'a pas renié, le serment fait un jour de façon solennelle n'a pas été piétiné, tout ce qui pourrait ressembler à une vilenie n'en est pas une…

J'émets cette hypothèse : dans la dénégation, pour sauver sa peau menacée par les toxines de la mauvaise conscience, le mammifère débranche le néocortex qui gère la raison, la logique, le bon sens, la vérité, l'honnêteté, la courtoisie, la politesse, et toutes les vertus de la civilité ; en même temps, il lâche le cerveau reptilien qui ignore toutes les vertus et répond à tout rappel du réel par un jet de venin. Si l'on s'adresse à son cortex en évoquant la mauvaise action, le comportement détestable, il ne lui reste que le déni et l'attaque pour continuer à vivre malgré cette preuve devenue agression. Le dénégateur meurt à la raison, il renonce à son cerveau pour donner les pleins pouvoirs au reptile en lui.

La raison de Don Quichotte peut bien lui montrer que les marionnettes décapitées sont des poupées en carton, ou les géants des moulins, ou les chevaliers des outres à vin, ou le heaume un plat à barbe, etc., son cerveau reptilien lui susurre que non, bien sûr, et qu'il s'agit bien de véritables personnages, des géants authentiques, etc. On lui montre Mélisande, une poupée énucléée et privée de nez, il n'y consent pas, ça ne peut être elle, puisque la fiction est partie comme une réalité sur la croupe du cheval de Gaïferos vers Paris. « Ma bile s'est échauffée » (II.198), dit-il. En effet, le corps a parlé, l'*Homo sapiens* que nous sommes devenus dit une chose, la vipère que nous sommes restés en dit une autre. L'homme découvre le réel qui n'est pas à son avantage, si tel est le cas, le serpent mord le réel, le tue et raconte ses histoires : ce qui a eu lieu n'a pas eu lieu. Le dénégateur ignore la morale, il est enfant de ses toxines. Don Quichotte a bien raison de dire debout dans le saccage du petit théâtre : « Ce n'est pas ma faute » (II.198), quand le serpent enchanteur fait la loi dans un corps, il le possède et le paralyse.

« Je n'ai pas vu ce que j'ai vu ; et il ne m'est point arrivé ce qui est arrivé »

Comment imagine-t-on que Don Quichotte ait pu mourir ? Seul maître à bord, l'auteur avait le choix entre : le faire mourir comme il a vécu, dans la dénégation, victime du ridicule ; ou bien le faire mourir aux antipodes, comme il n'a pas vécu, victime du sérieux... Cervantès a choisi le contre-pied : le chevalier errant qui prenait les moulins pour des géants meurt dans son lit en avouant que les moulins étaient bien des moulins ! Le gyrovague est descendu de son cheval, le nomade a déposé son bagage, l'aventurier a mis son cheval à la retraite dans son écurie et, comme un vieil homme au bout du rouleau, il rend son dernier soupir dans son lit.

On pouvait l'imaginer décapité par une aile de moulin alors qu'il montait à l'assaut, coupé en deux par un vrai chevalier qui l'aurait fendu dans le sens de la hauteur pour le calmer définitivement de ses ardeurs belliqueuses, rendant l'âme à l'issue d'un duel où son épée émoussée n'aurait pas supporté la comparaison avec un clone de Durandal, se brisant la tête lors d'une chute effectuée du haut d'un poulailler qu'il aurait pris, évidemment, pour la tour la plus haute d'un château médiéval, chutant dans l'abîme pour avoir mal fixé la corde lors d'une descente renouvelée dans la grotte de Montesinos, poignardé par un bandit de grand chemin rencontré dans une forêt profonde, mangé par une bête féroce, calciné par le feu qui a embrasé le cheval de bois, il aurait pu mourir étouffé sous sa bibliothèque renversée, empoisonné par un philtre magique, emporté dans le cosmos sur les ailes d'un enchanteur, victime d'une mauvaise chute de son cheval mal sellé, voire se vidant sans fin comme Sancho après avoir mangé trop de pommes vertes jusqu'à devenir un genre de parchemin fripé – et non…

Don Quichotte meurt comme Cervantès – qui ne sait pas qu'il mourra lui aussi, dans son lit, victime d'un mal qui le consumait. Comme Don Quichotte, Cervantès a mené une vie d'aventure : naissance un jour de Saint-Michel 1547 d'un père barbier qui se dit hidalgo et connaît la prison quelque temps pour dette ; auteur de vers de cour vers l'âge de vingt ans ; fuite en Italie pour d'obscures raisons d'honneur, un duel peut-être, il devient valet d'un cardinal notoirement homosexuel ; victime des autorités espagnoles qui enquêtent pour vérifier qu'il n'est pas d'origine juive ; engagé dans l'armée pontificale pour mener une guerre qui échoue aux portes de la capitale de Chypre ; combattant lors de la bataille de Lépante où il est plusieurs fois blessé et perd la main gauche disent certains, le bras écrivent d'autres, rien du tout suggère Arrabal – qui rapporte que Cervantès s'est liquéfié sur le bateau au fur et à mesure de l'approche du théâtre des opérations et qu'il a vécu la bataille de Lépante caché dans les cales du bateau ; soldat contre les armées ottomanes, mais qui s'arrête aux portes de Naples ; prisonnier des Turcs alors qu'il quittait la carrière des armes ; captif à Alger pendant cinq années ; auteur de quatre tentatives d'évasion rocambolesques ; puni en croupissant dans un cachot couvert de chaînes ; libéré sur rançon obtenue par une quête auprès des commerçants chrétiens du port d'Alger et de Frères Trinitaires ; obscur commissionnaire lors d'un voyage au Portugal ; étudiant tardif à l'université de Salamanque – il devient le disciple d'un professeur érasmien ; auteur d'une vingtaine de pièces de théâtre en quatre années, puis renonçant aux planches par incapacité à rivaliser avec l'immense succès de Lope de Vega plus jeune que lui de quinze ans ; marié à une jeune fille de quinze ans, il en a trente-sept, par intérêt dit-on ; père d'une enfant en dehors du mariage avec une cabaretière ; auteur d'un roman inachevé pastoral et platonicien ; mandaté par le roi pour réquisitionner l'argent destiné à préparer l'expédition de l'Invincible Armada ; excommunié par le vicaire général de Séville pour avoir saisi des grains destinés à des chanoines ; désireux de quitter l'Europe pour l'Inde, mais refus du roi sollicité ; emprisonné à nouveau pour avoir réquisitionné du blé appartenant à des chanoines, puis libéré sous caution ; incarcéré encore pour mauvaise tenue de ses comptes – c'est à cette époque, dit-on, qu'il aurait envisagé d'écrire son *Quichotte* – puis libéré ; inquiété une fois de plus par le Trésor public ; auteur du *Quichotte* en janvier 1605 – il a cinquante-sept ans ; une fois encore mis en cellule pour une sombre affaire d'assassinat dans laquelle ses sœurs qui menaient une vie dissolue auraient été impliquées, au dire d'une voisine ; enfin, auteur à succès qui décide de vivre de sa plume – six rééditions en Espagne lors de la première année de *L'Ingénieux Hidalgo* ; entrée dans la congrégation des Esclaves du Très Saint-Sacrement le 17 avril 1609, puis prise de l'habit du Tiers Ordre de Saint-François le 2 juillet 1613 – comme sa femme et ses deux sœurs ; criblé de dettes, étouffé par les ennuis domestiques, engagé dans des procès pour des titres de propriété, il envisage de quitter son pays pour l'Italie ; auteur d'une seconde partie à son chef-d'œuvre qui paraît en mars 1615. Il a soixante-sept ans, il ne lui reste plus que treize mois à vivre : le 2 avril 1616, il prononce ses vœux définitifs dans l'ordre de Saint-François, le 18, malade, il reçoit l'extrême-onction, le 23, il meurt âgé de soixante-huit ans. Le lendemain, il entre dans son tombeau du couvent des Trinitaires habillé en franciscain.

Juif marrane ou catholique ? Lecteur caché du Zohar ou amateur de Confucius ? Connaissant l'hébreu ou l'ignorant totalement ? Érasmien ou franciscain ? Homosexuel ou hétérosexuel ? Vaillant combattant ou soldat peureux ? Miguel Cervantès Saavedra est sur plus d'un point énigmatique. Mais pourquoi ne serait-il pas tous ces hommes-là ? Simultanément, successivement, ou comme on voudra ? La vie de Cervantès est un roman ; son roman est plein de la vie : l'amour et la mort, la guerre et les combats, le sang et les larmes, l'illusion et la réalité, le désir et les femmes, le mensonge et la vérité, l'idéal et le concret, le vice et la vertu, la réflexion et l'action, les livres et le monde, les duchesses et les aubergistes, les chevaliers et les valets, les chevaux et les ânes – mais aussi, et surtout, la dénégation et les dénégateurs.

Don Quichotte meurt dans son lit et, pour une fois, il prend son lit pour un lit, pas pour un baldaquin, ses draps de grosse toile pour ce qu'ils sont, pas pour des tissus de Hollande : le déraisonnable a jeté le gant, il se rend à la raison et meurt. Ou bien : il va mourir, donc il se rend à la raison, plus besoin de feindre dans un monde qui s'en va et n'est déjà presque plus. À quoi bon continuer le combat puisqu'on l'a perdu et que la mort vient réclamer son dû. Don Quichotte meurt-il d'avoir recouvré la raison ou recouvre-t-il la raison parce qu'il va mourir ? La proximité de la mort détruit-elle le mécanisme de la dénégation ? Que dit le texte ?

Don Quichotte meurt, c'est à la fin du roman, bien entendu. Mais avant la fin, il y a deux présages qui confirment notre héros dans ses intuitions qu'un malheur va venir. Et avant ce qui précède cette fin, il y a encore autre chose : un duel perdu. Il me semble que la clé du sens de cette mort est à rechercher dans cette blessure d'orgueil infligée par le chevalier de la Blanche Lune qui met Don Quichotte au défi : il exige de lui la reconnaissance que sa dame est beaucoup plus belle que Dulcinée. Autrement dit, il veut que le chevalier à la Triste Figure renonce à ce qui fait le cœur même de son combat et de son errance.

Comme une gifle donnée du revers de la main avec une paire de gants, le chevalier qui arbore une lune resplendissante sur son bouclier met Don Quichotte au défi. Si le chevalier errant y consent, l'affaire est tout de suite réglée ; s'il préfère le combat, soit il le gagne, alors le vaincu sera à sa disposition, soit il le perd, alors il devra déposer les armes, cesser son errance belliqueuse, retourner dans son village, ne pas toucher à une épée pendant une année, mener une vie paisible et tranquille. Don Quichotte quichottant veut le combat, évidemment.

Dans la tradition chevaleresque du duel, Don Quichotte offensé en fait une ordalie et place le combat sous le signe de Dieu qui, en fonction de son issue, dira qui est dans le vrai. Pour notre héros, l'enjeu de ce duel se résume donc dans cette invocation à Dieu pour savoir où se trouvent le vrai et le faux. Il s'agira ensuite pour le chevalier de se plier à la volonté divine : un chevalier tient parole, il n'a de maître que Dieu et le duel fonctionne comme le suprême arbitre de la vérité. Don Quichotte joue donc le sens de sa vie dans cette aventure alors que, plutôt bienveillant, le chevalier de la Blanche Lune veut juste ramener à la raison un homme qu'il estime victime de ses fictions. Il ne veut pas mettre à mort son adversaire, mais il le tuera tout de même.

Le duel oppose les deux cavaliers : bien sûr, le chevalier de la Blanche Lune, doté d'une puissante monture, a parcouru les deux tiers du terrain quand il arrive à la hauteur de Rossinante et de son maître. Le chevalier qui cherchait querelle heurte violemment Don Quichotte, « sans toutefois le toucher avec sa lance – qu'il avait paru lever exprès » (II.477). Le cavalier et sa monture tombent sur place. Le gagnant met la pointe de sa lance sur la visière du chevalier à la Triste Figure et lui dit : « Vous êtes vaincu, chevalier, il vous en coûtera la vie si vous ne faites pas l'aveu qu'exigent les conditions de notre combat. »

Qu'attendre d'autre de Don Quichotte ? Il honore le contrat : « Dulcinée est la plus belle femme du monde et moi le chevalier le plus infortuné de la terre. Mais il ne sera pas dit que, dans un moment de faiblesse, j'aurai trahi cette vérité. Pousse, pousse ta lance, chevalier, et ôte-moi la vie puisque tu m'as ôté l'honneur » (*id.*). Pas question, pour le victorieux, de triompher et de profiter de son succès : il voulait juste que Don Quichotte cesse de mener cette vie ridicule qui lui valait toutes ces moqueries.

Le chevalier à l'écusson frappé de lune ne le sait pas encore, mais il vient de tuer Don Quichotte : l'orgueil blessé, le vaincu croit désormais qu'on lui a retiré ce qui constituait l'épine dorsale de sa vie, de son errance, de ses combats, de sa pensée, de ses idées, de son amour : l'honneur. Un chevalier privé de son honneur, c'est un chevalier privé de ses raisons de vivre. En lui ôtant l'honneur, c'est la vie qu'on lui enlève. Il faut juste au poison inoculé le temps de produire ses effets. Don Quichotte vient d'être mortellement blessé. Il va donc mourir comme il aura vécu : logiquement, de façon cohérente, en paix avec lui-même, donc avec ses illusions. Disloqué, sonné, assommé, Don Quichotte rentre chez lui sur une chaise à porteurs.

Le chevalier de la Blanche Lune n'est rien moins que le bachelier Samson Carrasco, l'ancien chevalier des Miroirs qui avait déjà lancé un défi au même adversaire avec les mêmes intentions : le ramener à la raison et priver les méchants de leurs occasions de rire. Mais, contre toute attente, il avait perdu son combat. Natif du même village que Don Quichotte, il n'a pas voulu la mort du chevalier, mais souhaitait le soustraire aux moqueries. Il avoue une compassion pour son compatriote et confesse une « bonne intention » (II.480). Don Quichotte reste six jours au lit, furieux contre lui, fâché de ce qui a eu lieu, de mauvaise humeur contre tout le monde, mais toujours convaincu de la justesse de ses combats de chevalier : il entend bien reprendre la route un an plus tard. Il rentre chez lui, connaît quelques aventures, mais Sancho y brille plus que lui dont le ressort chevaleresque semble cassé. Chemin faisant, il montre à son fidèle compagnon qu'il croit toujours à la chevalerie errante et à ses vertus : à un homme qu'il rencontre, Tosilos, et lui avoue l'avoir trompé, Don Quichotte dit qu'il n'est pas dupe et que l'enchanteur a encore fait des siennes. Jusqu'à ce moment, il croit toujours à son catéchisme fendillé.

Pour meubler cette année sans chevalerie, Don Quichotte a un projet : devenir berger. Il dit à Sancho : « Nous nous ferons appeler *le berger Quichottin*, et toi *le berger Pancinet* » (II.492) et raconte déjà leurs nouvelles aventures – aller dans les prés, chanter un couplet ou une élégie, se désaltérer à l'eau pure des sources, des ruisseaux ou des rivières, cueillir des fruits, se reposer à l'ombre des arbres, dormir à la belle étoile, vivre au son des pipeaux, des cornemuses, des violes, des fifres et des tambours et… devenir « célèbres et illustres dans les siècles à venir » (II.493) ! Sancho consent, il a même trouvé le nom qu'aura son épouse : « la Théréson, vu l'embonpoint de ma femme et le prénom qu'elle porte » (II.493). Don Quichotte se propose même de partager cette existence nouvelle avec le chevalier de la Blanche Lune…

Mais le venin fait peu à peu son effet : Don Quichotte et Sancho Pança passent la nuit dehors ; le premier ne parvient pas à s'endormir, le second s'est effondré comme une masse. Un troupeau de cochons arrive au galop et renverse tout sur son passage : le maître et son valet, leurs montures, les armes et les provisions. Sancho veut prendre l'épée pour « tuer une bonne demi-douzaine de ces messieurs impertinents » (II.498) ; Don Quichotte retient sa main : cette fois-ci, les cochons sont des cochons, et pas des chevaliers menaçants, et le ravage effectué par les animaux, une punition divine juste et bienvenue. Le chevalier commence à voir le réel tel qu'il est alors que, chiasme existentiel, le valet le croit tel qu'il l'imagine – autrement dit : comme l'imaginait son maître… Si désir mimétique girardien il y eut, c'est ici qu'il faut le trouver.

Le chemin du retour est long et Don Quichotte a encore le temps de quelques aventures : le Duc et son épouse peuvent encore se moquer de lui et lui faire croire à la mort et à la résurrection d'Altissidore, une suivante de la Duchesse qui avait feint d'être amoureuse du chevalier pour éprouver sa fidélité à Dulcinée. Mais le mal continue à faire son effet, Don Quichotte souhaite quitter le château ducal, « ajoutant qu'un chevalier vaincu avait davantage sa place dans une porcherie que dans un palais » (II.513). Il part au plus vite et continue son voyage vers son domicile. Il souscrit toutefois encore à ses fictions : le Duc avait affirmé que l'enchantement de Dulcinée se volatiliserait quand Sancho se serait infligé trois mille trois cents coups de fouet ! Le maître insiste pour que son valet passe à l'acte – ce dernier simule une série de lacérations qu'il inflige à un arbre en gémissant avec application ! Compatissant, le chevalier invite son écuyer à fractionner la peine.

Le réel se trouble un peu dans la narration qui conduit vers la mort du héros : Cervantès fait entrer sur la scène romanesque don Alvaro Tarfé, un personnage qui rencontre Don Quichotte et qui a lu un ouvrage intitulé *Seconde partie de l'histoire de Don Quichotte de la Manche* publié par un auteur inconnu. Et le lecteur de converser avec les héros principaux qui le questionnent pour vérifier ses dires, puisqu'il affirme les connaître pour avoir lu leurs histoires. Or, en leur présence, il ne les reconnaît pas... Pour quelles raisons ?

Effets de l'enchanteur qui empoisonne la vie de Don Quichotte, affirme Alvaro Tarfé ! Le lecteur d'un roman apocryphe devient donc l'un des acteurs effectifs du roman. Le roman est un faux, mais il contamine vraiment la folie quichottesque de la dénégation : pour ce lecteur également le réel n'a pas lieu. Face à Don Quichotte et Sancho Pança, il affirme, puisqu'il ne les reconnaît pas après avoir lu leurs histoires, qu'il ne s'agit pas d'eux. Cette disparition du réel est *donc* un effet du magicien auquel le chevalier impute toutes ses misères.

Don Quichotte affirme qu'il va dire pourquoi il est le vrai, car il a de bonnes raisons de confondre le faux ! Argumentation : le « Don Quichotte imaginaire » (II.523) de ce livre présenté dans ce livre apocryphe est allé à Saragosse pour participer à des joutes ; or, lui qui parle, bien que Don Quichotte de papier, il n'y est jamais allé, justement pour prouver qu'il n'était pas ce chevalier imaginaire ; donc il n'est pas le faux ; preuve qu'il est donc bien le vrai. CQFD !

À l'issue de cette leçon de logique, Don Quichotte demande à don Alvaro de convenir qu'il n'est pas le Don Quichotte imaginaire inventé par un tiers ! Réponse de don Alvaro : « Je le ferai très volontiers, malgré tout l'étonnement que j'éprouve à connaître deux Don Quichotte et deux Sancho, semblables par le nom et si différents par leurs actions. Mais je suis prêt à affirmer en mon âme et conscience que je n'ai pas vu ce que j'ai vu ; et qu'il ne m'est point arrivé ce qui est arrivé. » Sancho émet l'hypothèse explicative de son maître : c'est probablement un effet de l'enchantement… Don Alvaro y consent puisqu'il pouvait « toucher du doigt deux Don Quichotte aussi différents » (II.524).

À ce moment de sa vie, le vrai chevalier croit donc toujours à la puissance des enchantements, à leur force, à leur efficace. D'ailleurs, ce même soir, après avoir quitté don Alvaro qui a suivi sa propre route, Don Quichotte a souhaité que Sancho continue de s'infliger des coups de fouet pour désenchanter Dulcinée – un hêtre fit les frais de la dissimulation de l'écuyer qui parvint à laisser croire à son maître qu'il s'en était infligé trois mille vingt-neuf… Il en manque un, comme chacun aura compté, ce qui justifiera bien sûr que l'enchantement perdure… Les deux compères arrivent enfin dans leur village. C'est alors que deux mauvais présages les accueillent.

Mourir de ne pouvoir persévérer dans son être

Dès son entrée dans le village, Don Quichotte entend deux enfants qui se disputent sur la place. L'un dit à l'autre : « Ne te fatigue pas, Periquillo ; de toutes les façons, tu ne la reverras plus de toute ta vie » (II.526). Le chevalier dit à Sancho : « Si j'applique cette phrase à mes désirs, cela signifie que je ne reverrai plus Dulcinée ? » Revoir quelqu'un qu'on n'a jamais vu est bien dans l'ordre du désir quichottesque – Dulcinée nommant un personnage conceptuel forgé à partir d'une paysanne du village qui n'en peut mais… Mais croire au présage, c'est aller au-devant de nombreuses déceptions et illusions : il n'y a évidemment aucun présage, l'avenir n'étant inscrit nulle part, mais seulement des projections.

Le présage en question est projection sombre d'un mauvais désir nourri par la crainte, la peur, l'angoisse, la mélancolie : il signifie que le mal progresse. Non pas le mal d'un enchanteur, mais celui qui ronge le chevalier privé d'honneur, contraint à cesser d'être ce qu'il est. La condamnation que lui inflige, pour son bien, du moins le croit-il, le chevalier de la Blanche Lune est terrible : elle empêche Don Quichotte de persévérer dans son être. Autrement dit : à être et vivre, à durer dans son projet, à accomplir ce pour quoi il se croit fait. C'est une rupture de destin. Don Quichotte privé de dénégation, ça n'est plus Don Quichotte : il ne peut plus être qu'en mourant.

Un second signe pensé comme un présage confirme l'étendue du mal et sa progression : un lièvre poursuivi par des chasseurs et des lévriers échappe à ses prédateurs et se réfugie entre les jambes de l'âne de Sancho qui le ramasse et le présente à son maître. Don Quichotte répète de façon compulsive : « *Malum signum ! Malum signum !* Lièvre en fuite ; lévriers à sa poursuite : Dulcinée ne paraîtra pas ! » (II.526). On dirait la sentence d'un psychanalyste lacanien de Saint-Germain-des-Prés !

(À propos du lièvre, le lecteur forcené de vieux traités d'oniromancie antique qu'était Freud aurait conseillé la lecture de *L'Interprétation des rêves* : Don Quichotte aurait pu y lire que « les animaux sauvages servent à la présentation de la libido redoutée par le moi et combattue par le refoulement » (O.C. IV.459). De sorte que la folie interprétative du chevalier à la Triste Figure rejoint celle du médecin viennois car ni l'un ni l'autre ne se satisfont jamais des choses comme elles sont pour leur préférer les choses selon leur désir, c'est-à-dire selon la projection de leur propre psyché… Comme Don Quichotte, Freud a pris ses désirs pour la réalité et a passé sa vie à expliquer que le réel n'avait jamais eu lieu et qu'à sa place il n'y avait eu que simulacres subjectifs transformés en vérités universelles.)

Revenons à nos lapins... Sancho, fidèle à son bon sens, tâche d'épuiser la charge maléfique du prétendu mauvais présage avec un raisonnement bien dans son esprit : « Là, vous m'étonnez, monsieur. Supposons que ce lièvre soit Dulcinée du Toboso, et les chiens qui la poursuivent ces enchanteurs malfaisants qui l'ont transformée en paysanne ; elle fuit, je la ramasse, je vous la mets dans les bras, et vous pouvez la cajoler autant qu'il vous plaît ; je ne vois pas où est le mauvais signe, ni le mauvais présage dans tout ça ! » (II.526). Délire de l'un, sagesse de l'autre : le réel est un vaste champ de signes dans lequel chacun projette selon sa nature. Le monde se partage entre disciples de Don Quichotte pour lesquels leurs fictions sont toujours plus vraies que la réalité et les compagnons de Sancho qui affirment de façon tautologique que le réel est, un point c'est tout. Les premiers vivent dans un faux monde qu'ils présentent comme le seul vrai ; les seconds évoluent dans le vrai monde qu'ils savent tout de même habité par du faux.

Don Quichotte est le saint patron des malades et des fous, des psychopathes et des doctrinaires, des névrosés et des exaltés, des croyants et des mystiques, des idéologues et des dictateurs, des monomaniaques et des obsessionnels, de la plupart des intellectuels et de nombre de philosophes, des schizophrènes et des doctrinaires, des sectaires et des fous de Dieu ; Sancho Pança, celui des sceptiques et des empiristes, des pragmatiques et des utilitaristes, des paysans et des marins, des réalistes et des incrédules, des laboureurs et des jardiniers, des rabelaisiens et des hédonistes. Le premier est le patron des astrologues ; le second, celui des astronomes. L'un croit que des lapins sont des princesses ; l'autre sait qu'on peut faire des civets avec ces princesses-là... On l'aura compris : j'ai de la sympathie compassionnelle pour Don Quichotte, mais une grande affection pour Sancho...

Pendant cette digression, Sancho le Sage demande aux enfants pourquoi ils se disputaient. L'un dit que la phrase « tu ne la reverras plus de toute ta vie » concernait une cage à grillons qu'il lui avait prise sans intention de la lui rendre. L'écuyer donne quelques sous à l'enfant en échange de la cage qu'il offre à son maître. Mieux qu'un désenchanteur ou qu'un psychanalyste, il dit : « Les voilà, monsieur, complètement détruits et réduits en miettes ces mauvais présages, qui, d'après moi et tout idiot que je suis, n'ont pas plus à voir avec nos affaires qu'avec la pluie ou le beau temps » (II.527). Comme Diogène prouve le mouvement en marchant, Sancho détruit la présomption d'enchantement par l'usage d'une saine et droite raison qui montre qu'il n'y a dans cette crainte qu'une superstition indigne d'un cerveau bien fait.

Enfin arrivé au village comme on atteint la fin d'une vie, Don Quichotte raconte son échec au tournoi et les obligations auxquelles il se doit désormais pendant une année ; il dit son souhait de devenir berger pendant ces douze mois ; il sollicite les siens pour l'accompagner dans cette nouvelle aventure ; il informe même sa petite assemblée qu'il a trouvé des noms pour eux – le curé devient ainsi Curaillon ; il précise que la dame de ses pensées poétiques dans cette nouvelle vie consacrée aux moutons et à la versification sera bien sûr l'ancienne, Dulcinée. Sa nièce et sa gouvernante désespèrent de le voir inchangé, tel qu'en lui-même. Inchangé du moins en apparence. Car le mal le ronge de l'intérieur. Il leur dit : « Menez-moi au lit, car je ne me sens pas bien » (II.530). L'agonie commence en douceur.

Il reste une poignée de pages, moins de dix, à ce gros livre qui en comporte mille : elles racontent la courte fin d'un long périple, la brève mort d'une grande figure. Le narrateur reprend la main : « Était-ce le chagrin que lui avait causé sa défaite ou le ciel qui en avait ordonné ainsi, il fut pris d'une fièvre qui le retint au lit six jours, pendant lesquels il reçut de fréquentes visites du curé, du bachelier et du barbier, tandis que Sancho, son écuyer fidèle, ne quittait pas un instant son chevet » (II.531). Chacun pense que sa défaite contre le chevalier de la Blanche Lune explique cet état d'« abattement » (*id.*). Le médecin croit au pire. Don Quichotte demande à dormir – il plonge dans le sommeil pendant six heures. Six jours d'agonie, six heures de sommeil, la symbolique des chiffres aurait beaucoup à dire. Retenons qu'il s'agit du nombre de jours nécessaires à Dieu pour créer un monde avant qu'au septième il ne le contemple et se repose. Don Quichotte a créé un monde, à cet endroit du roman, il est l'heure du dimanche pour lui.

Au réveil, il pousse un cri, remercie Dieu de sa bonté, de sa miséricorde, car il se réveille guéri de sa folie – mais cette guérison signe paradoxalement sa mort comme personnage. Il avoue : « Ma raison est à nouveau libre et claire, dégagée des ombres épaisses de l'ignorance dont j'étais enveloppé pour avoir trop lu de ces exécrables romans de chevalerie. Je reconnais que leur contenu n'était qu'absurdités et mensonges ; je regrette seulement de l'avoir compris trop tard, car je n'ai plus le temps de réparer mon erreur en lisant des ouvrages qui aident à l'illumination de l'âme » (II.532).

À l'article de la mort, Don Quichotte veut que tous connaissent cette nouvelle de sa conversion à la raison : il souhaite prouver qu'il n'est pas fou en disant qu'il n'est plus fou. Mais que vaut l'aveu de n'être plus fou chez un fou, si ce n'est aveu d'une plus grande folie encore ? Il veut donc se confesser et rédiger son testament. Mort à lui-même, Don Quichotte de la Manche perd le nom associé à ses aventures et devient « Alonso Quichano, qui a mérité par sa conduite d'être surnommé *le bon* » (II.532). Le voilà désormais ennemi des chevaliers et de leurs descendances, de leurs aventures et de leurs valeurs. Le parangon de l'éthique chevaleresque chrétienne qui servait à Cervantès de figure à moquer les mondes confondus de la noblesse et de l'Église n'est plus, reste un homme agonisant, aux portes de la mort, convaincu qu'il ne lui reste plus qu'une poignée de minutes à vivre.

À l'heure du testament, le maître se montre généreux avec Sancho qui, depuis qu'il a compris, pleure la mort de son compagnon. Sancho dit : « Ne mourez pas, monsieur ; suivez plutôt mon conseil et vivez encore longtemps. Parce que la plus grande folie que puisse faire un homme dans cette vie, c'est de se laisser mourir, tout bêtement, sans que personne le tue, et sans que d'autres mains que celles de la mélancolie ne l'achèvent » (II.534). Puis il ajoute qu'ils continueront à vivre de belles aventures. Pour Sancho, son maître meurt de mélancolie, autrement dit, par fidélité à l'éthique chevaleresque qu'il prétend renier…

En effet, si Don Quichotte était à ce point devenu lucide, raisonnable, débarrassé de ce fatras chevaleresque, il ne prendrait pas au sérieux l'échec de son duel avec le chevalier de la Blanche Lune :

il en ferait une péripétie ridicule d'un temps révolu où il était risible. Mais le mal qui le travaille prouve qu'il reste victime de ses illusions : il a beau *parler* en désillusionné de la chevalerie, *son corps* meurt en chevalier fidèle à ses vertus ; privé d'honneur, il est vidé de son sang existentiel ; vaincu sur le champ des chevaliers, il s'éteint dans son lit faussement guéri, vraiment fou jusqu'au bout. Vraiment désillusionné, il ne se serait jamais couché pour ne jamais se relever. Il aurait ri du vœu fait à son vainqueur et aurait vécu la vie d'un... Sancho Pança. Au lieu de ça, il survit trois jours, subit une série de syncopes. Un prêtre lui donne les derniers sacrements. Puis il meurt ; alors Sancho pleure.

Épilogue
Jeu de miroirs qui reflètent des miroirs

Dans *L'Ingénieux Hidalgo Don Quichotte de la Manche*, il existe des chapitres qui semblent tombés du ciel, sans rapports directs, semble-t-il, avec ce que l'on a déjà lu ou ce que l'on s'apprête à lire. Dans ces pages comme ajoutées sans raison, Don Quichotte et Sancho Pança n'apparaissent pas, ni aucun des autres héros du roman. Il s'agit d'un texte dans le texte, comme on voit parfois des tableaux dans des tableaux. Mais personne ne croirait que cette mise en abyme soit gratuite et que ce jeu de miroirs qui reflètent des miroirs ne soit pas voulu par l'auteur pour dire une chose bien précise. Je pose l'hypothèse que c'est dans cet apparent hors sujet que se trouvent vraiment résolus les problèmes.

Quel est le sujet du roman de Cervantès ? L'histoire des gloses montre qu'ils ont été multiples. Chacun y projette ses soucis, ses intérêts, ses fantasmes, ses angoisses, ses névroses, ses manies, ses lubies. Moi le premier… J'ai proposé d'analyser ce que je nomme le *principe de Don Quichotte*, à savoir le mécanisme de la dénégation. J'ai longtemps cherché un seul exemple dans la littérature pour mener à bien un jour une étude que je souhaitais depuis des années sur le tropisme dénégateur. Et puis je ne le trouvais pas, alors que *Don Quichotte* était *le* roman de cette pathologie. Je ne voyais pas ce qu'il fallait voir dans l'épisode connu par tout le monde des moulins pris pour des géants. Il y avait là comme un genre de dénégation de la dénégation moquée par Cervantès sur plus de mille pages.

Je portais ce texte depuis longtemps, car il y a, il y a eu et il y en aura aussi encore bien sûr des dénégateurs dans ma vie. J'ai toujours été sidéré par leur incroyable aplomb à nier que le réel ait été comme il a été. Je suis désarçonné de voir avec quelle morgue telle ou telle personne peut assurer, les yeux dans les yeux, qu'une vilenie (ou plusieurs...) objectivement de leur fait n'a jamais été commise par leurs soins. Quand on s'est trouvé personnellement, concrètement, la victime d'un choix, d'un mot, d'un jugement, d'une condamnation venus d'un tiers, on a du mal à entendre ce tiers affirmer avec effronterie qu'il n'est pas à l'origine de son choix, de ses mots, de ses jugements, de sa condamnation.

Pire : quand il m'arrivait de dire qu'il y avait ostensiblement dénégation chez eux, je m'entendais rétorquer sans coup férir par le dénégateur que j'inventais, que je fantasmais des fictions et que je manifestais ma vilenie à prêter à d'autres des vilenies qu'ils n'avaient évidemment jamais commises. La dialectique de la cour de récréation fait la loi plus qu'on ne l'imagine et au-delà de l'école primaire : « *C'est celui qui le dit qui y est...* » constitue une formule qui fournit l'impératif catégorique du dénégateur. « Quand je suis immonde, ce que je suis, je ne le suis pas ; mais vous, en revanche, vous l'êtes » – voilà la pauvre logique des malades affligés par cette pathologie. C'est à ce prix que l'immonde peut continuer à vivre dans le monde.

J'ai donc lu *Don Quichotte* en cherchant à percer le mystère de la dénégation, une pratique si courante dans la vie et totalement absente des bibliothèques où pas un seul livre, du moins jusqu'à preuve du contraire, ne semble avoir été consacré à ce sujet. Tant de dénégateurs dans la vie et si peu d'études sur ce sujet ! Faut-il que la puissance de ce principe soit telle qu'il y ait dénégation de la dénégation et silence théorique sur une pratique aussi courante, aussi universellement répandue ? Et puis pourquoi, dans l'abondante bibliographie des études consacrées à Don Quichotte, pas un seul livre sur ce sujet alors qu'on a tant écrit sur ce chef-d'œuvre – on dit pourtant qu'après la Bible *Don Quichotte* est l'ouvrage le plus lu et le plus commenté ? On dénie donc au livre de la dénégation d'être un livre sur la dénégation...

J'ai donné une explication du mécanisme de la dénégation : un refoulement de la réalité de soi quand elle se trouve comparée à l'idée qu'on se fait de soi, refoulement transfiguré en retournement qui transforme la victime de la dénégation en bourreau acteur de la dénégation. Quand *ce que l'on est* apparaît trop nettement aux antipodes de *ce que l'on croit de soi*, le mécanisme se met en action : notre part reptilienne étouffe notre part consciente. Le venin du cerveau le plus ancien paralyse le jugement du cerveau le plus récent. La bête tue en nous la bête au nom de l'homme. De ce sacrifice naît une image de soi plus présentable. Sur le cadavre de ce qu'il est, le dénégateur construit une statue de lui tout à son avantage. Mais c'est une fiction...

Les pages consacrées à ce que Cervantès nomme « La nouvelle intitulée » : « Où il est prouvé que la curiosité est un vilain défaut » (I.325) donnent une autre solution à l'énigme Pourquoi y a-t-il dénégation ? Réponse : *parce que la vérité tue* – et que peu sont aptes à soutenir la vérité qui, comme le basilic, dit-on, met à mort quiconque le voit... Les pages venues de nulle part qui racontent une histoire apparemment sans liaison avec le reste du roman cèlent peut-être le mystère même du chef-d'œuvre espagnol : on y apprend que provoquer la vérité, c'est aller au-devant de sa rencontre, et la rencontrer, payer de sa vie (ou de sa santé mentale...) ce qu'on aura découvert. Penser le réel, c'est entrer dans un abîme ; le dénier, c'est rester au bord du gouffre. Le réel tue quiconque l'affronte vraiment en face ; l'illusion permet d'éviter la mauvaise rencontre qu'est toujours *ce qui est*.

Un hôte de passage dans une auberge a oublié huit feuillets intitulés « Où il est prouvé que la curiosité est un vilain défaut » (I.323). Un curé décide de lire ces pages : deux Florentins, Anselme et Lothaire, vivent une amitié d'un genre romain, le premier aime l'amour, le second la chasse. Quand il souhaite épouser Camille, Anselme sollicite Lothaire pour effectuer sa demande. Le mariage a lieu. Lothaire vient souvent visiter son ami, mais espace ses passages pour éviter qu'Anselme ne se froisse – mais c'est de la raréfaction de ses visites qu'Anselme prend ombrage... Les époux conviennent que leur ami viendra dîner deux fois par semaine ainsi que les jours de fête. Mais pour éviter de troubler le couple, l'ami prend souvent prétexte d'occupations pour les laisser seuls.

Anselme a toutes les raisons du monde d'être heureux, mais il confesse un tourment à son ami : il se demande si son épouse est aussi fidèle et parfaite qu'il imagine... Il souhaite pour ce faire la mettre à l'épreuve et ajoute : « Je pense, en effet, qu'une femme ne peut être qualifiée de vertueuse qu'autant qu'elle a su résister aux sollicitations : seule est forte celle qui ne cède pas aux promesses, aux présents, aux larmes et aux continuelles prières d'un amant empressé » (I.328). Il demande donc à Lothaire de la soumettre à la tentation… Si elle résiste, il sera le plus heureux des hommes ; si elle succombe, le plus malheureux. Il sait pouvoir demander cela à son ami qui ne pousserait pas son avantage, s'il devait exister, au-delà de la simple preuve qu'elle aurait fauté. L'intention prouvée suffirait.

Stupéfait, ébahi, Lothaire ne reconnaît plus son ami dans l'Anselme qui lui propose une pareille folie ! L'aventure est suicidaire, elle offense les devoirs que l'on doit à Dieu, elle outrage ceux que l'on doit à l'amitié, elle rabaisse ceux qui y consentiraient. Pourquoi éprouver des vertus constatées, donc connues ? Lothaire argumente, tâche de convaincre, renvoie à Dieu, cite un poète, fait des phrases, renvoie aux Écritures, en appelle à Adam et Ève, célèbre le caractère indissoluble des liens du mariage, mais se refuse à pareil stratagème. Puis il dit : « N'oublie pas, mon cher ami, que la femme étant un être imparfait, on ne doit pas lui tendre des pièges pour la faire trébucher et tomber, mais au contraire débarrasser son chemin de tout obstacle, afin qu'elle atteigne rapidement et sans encombre à la perfection désirée, qui n'est autre que la vertu » (I.332.333). Une idée tellement juste qu'elle vaut aussi pour les hommes… Et puis : comment un ami peut-il demander à son compagnon qu'il le prive de son honneur et qu'en même temps, par le même geste, il prive également son ami de son honneur ?

Voilà qui est contraire à l'amitié… de même, cette sinistre expérience pourrait également emporter l'honneur de Camille !
Anselme n'est pas convaincu. Il demande juste l'essai de cette mise à l'épreuve. Le commencement du début de l'apparition d'un soupçon de fléchissement lui suffirait… Il ne peut demander pareille chose qu'à son ami, faute, sinon, de perdre son honneur. Si Camille ne succombe pas, le subterfuge lui sera révélé, elle ne lui en tiendrait pas rigueur, croit Lothaire. La crainte que son ami sollicite un autre que lui emporte la résistance d'Anselme, mais il a décidé d'un oui qui n'est pas vraiment un oui : « Il résolut de le contenter et de lui obéir pour éviter le pire, bien décidé toutefois à se conduire de façon à satisfaire son ami sans troubler le cœur de sa femme » (I.336). Autrement dit : il laissera croire à Anselme qu'il a courtisé Camille alors qu'il n'en aura rien fait, et que sa vertu, comme convenu, a magnifiquement résisté. Le lendemain, après le dîner qui les réunissait tous les trois, Anselme feint une affaire pressante et confie son ami à son épouse – Lothaire s'excuse et simule l'assoupissement. À son retour, Anselme découvre Lothaire seul et endormi, il pense qu'il a testé la fidélité de son épouse et dort un peu. Anselme prétend qu'il a célébré sa beauté, ce qui, somme toute, était un bon début. Les jours suivants, il persiste dans son refus et dans sa stratégie : il dit à Lothaire qu'il a poussé un peu son

avantage, mais qu'elle s'est roidie et a menacé, s'il allait plus loin, d'en parler à son époux. Convaincu qu'elle résiste aux paroles, le mari entend bien désormais voir qu'elle résiste aux actes.

Anselme se cache dans une pièce à côté de celle dans laquelle son ami est censé mener à bien cette exécrable expérience. Par le trou de la serrure, il constate qu'Anselme n'adresse pas la parole à Camille... Il comprend que son ami lui ment et le lui dit, le plongeant dans la honte et dans la confusion. Blessé dans son amour-propre, il promet les fois suivantes de faire ce qu'il avait promis de faire. Anselme part une semaine pour laisser le champ libre à son ami et annonce à sa femme que son ami viendra prendre ses repas à leur domicile. Elle rechigne. Il insiste. Elle se soumet. Lothaire vient. Camille s'arrange pour n'être jamais seule avec lui, les domestiques sont toujours présents. Chacun campe sur son quant-à-soi.

Mais arrive ce qui devait arriver : Lothaire succombe vraiment au charme de Camille : « Il n'était déjà plus maître du plaisir qu'il éprouvait à la regarder. Il se faisait violence et luttait contre lui-même pour repousser la joie qu'il ressentait à la vue de la jeune femme » (I.341). Il incrimine alors moins son désir que la folie et l'imprudence de son ami. Il fait sa déclaration ; elle l'écoute et part dans sa chambre sans savoir quoi dire et faire – puis elle envoie un mot à son mari en lui demandant de rentrer au plus vite, sinon, elle partira chez ses parents. Anselme comprend que Lothaire est passé à l'acte – mais il ignore que sa simulation est devenue réalité et vérité. Il répond qu'il va venir, mais pas tout de suite !

Le lendemain, Lothaire poursuit son entreprise de séduction ; elle n'y est pas insensible ; il augmente la pression : « Il pleura, supplia, sollicita, promit, adula, montra tant d'ardeur et tant de sincérité qu'il eut raison de ses résistances, et qu'il conquit ce qu'il désirait le plus au moment où il s'y attendait le moins. Camille céda ; oui, elle céda » (I.343). *Così fan tutte…* L'amitié fut moins forte que l'amour, première leçon. Léonelle, la suivante de Camille, se trouve dans la confidence. Lothaire cache la manigance et le dérapage du stratagème…

Anselme rentre, il retrouve Lothaire – qui l'assure de la fidélité de sa femme. Il souhaite que son ami en reste là et ne lui demande pas plus de preuves ; bien sûr, il en souhaite d'autres. Pervers, il demande à Lothaire qu'il écrive des vers à la louange de Camille, mais qu'il les signe Chloris, vers qu'Anselme montrera à Camille pour lui dire que Lothaire aime une femme et la célèbre avec les vers en question sous ce nom d'emprunt pour ne pas compromettre sa réputation… Lothaire avertit Camille ; Anselme également ; mais Camille informée évite une jalousie infondée. Le mari demande à l'ami que les vers soient lus à l'épouse du premier qui est aussi la maîtresse du second : « Plus

Lothaire le déshonorait, plus Anselme le remerciait de lui faire tant d'honneur. Et plus Camille tombait dans l'abîme de son infamie, plus elle s'élevait, dans l'opinion de son mari, au faîte de la vertu et de la bonne réputation » (I.346-347).

Léonelle devient la confidente de sa maîtresse. Elle lui tient un discours hédoniste et libéré. Elle s'appuie sur son expérience pour justifier que Camille ait cédé si vite ; elle n'y voit aucune raison de condamnation. Les scrupules sont inutiles. Puis la confidente fait à son tour des confidences : elle a elle aussi un amant. Camille ne le sait pas, mais avec ces échanges, elle enclenche un piège qui se refermera sur elle. Forte de cette complicité nouvelle, Léonelle fait entrer son amant sous le toit de sa maîtresse – qui ne peut lui interdire et facilite même les choses.

Lothaire vit un jour sortir l'amant de Léonelle et le prit pour une autre aventure de Camille. Jaloux, en rage, il dénonce Camille... à son mari. Il l'accable et avoue qu'elle est disposée à lui céder. À son tour, il propose un subterfuge : Anselme va feindre un départ, mais il va rester dans une pièce d'où il pourra tout entendre ; Lothaire répondra à ses avances dans le lieu même où ils se retrouvaient habituellement – alors l'époux trompé découvrira le double jeu de sa femme.

Rongé par le remords d'avoir eu recours à pareil subterfuge, il décide de s'en ouvrir à Camille pour tout lui raconter ; mais dès qu'ils se retrouvent, elle prend les devants et raconte qu'elle regrette d'avoir laissé à Léonelle pareilles libertés ; Lothaire découvre que l'homme dont il a surpris l'ombre était l'amant de la servante ; confus, repentant, il rapporte sa conversation avec Anselme et leur plan. Camille propose un subterfuge dans le subterfuge : ils feront comme ils ont dit à Anselme, mais feront comme il faut pour pouvoir continuer à vivre leur relation adultère. Il suffira à Lothaire de répondre aux questions posées par Camille comme si Anselme n'écoutait pas.

L'heure dite, au lieu dit, Camille et Léonelle ayant arrangé l'affaire, Anselme écoute, caché pendant que Lothaire attend la sollicitation. Camille feint l'outrage, elle parle de se suicider, elle s'accuse d'avoir pu laisser croire à sa corruptibilité, elle croit plus judicieux de tuer le prétendant. Elle simule l'évanouissement ; Léonelle joue la comédie, elle déplore la mort d'une maîtresse si pure, si chaste ; la fausse évanouie revient du faux évanouissement, elle invite sa suivante à ramener Lothaire pour qu'elle le tue et en finisse avec la vie elle aussi ensuite. Puis elle parle à voix haute, sachant qu'Anselme l'écoute : elle proteste de son innocence, elle a été déshonorée, elle aime son mari, elle est chaste et pure.

Lothaire entre, elle trace sur le sol une ligne avec son poignard et interdit que son interlocuteur franchisse cette ligne, à défaut, elle le tuerait. Elle pose ses questions. Cervantès écrit qu'il répondit

« avec tant d'habileté et d'à-propos qu'on aurait cru que les mensonges qu'ils débitaient tous deux étaient la pure vérité » (I.355). Il avoue son amour ; c'est vérité pour eux deux, mais simulacre pour le mari ; par amour, ils jouent à feindre l'amour ; pour pouvoir vivre leur passion illégitime et adultère, ils avouent la vérité qui est erreur aux yeux de l'époux demandeur de ce qu'il croit vrai pour lui mais qui n'est vrai que pour eux et faux pour lui.

À chacun sa vérité là encore, mais toutes les fictions sont vérités pour chacun : Lothaire et Camille disent la vérité, mais ils mentent à Anselme qui entend la vérité, mais la prend pour une fiction. Il sait donc cette fiction vraie ; ils savent vraie cette fausse fiction. Lothaire dit son amour et, ce faisant, il dit vrai, mais le mari croit vrai ce mensonge ; Camille dit son outrage et, ce faisant, elle dit faux, mais le mari croit vrai ce mensonge. Il a dit son désir ; elle a dit son refus – Anselme peut donc se réjouir. Mais l'amant a dit son véritable désir qu'ignore le mari qui a voulu le mensonge ; et l'épouse a dit le faux affront qui cache la vérité du désir.

Certes, Lothaire a dit son désir ; mais Camille avoue sa faute : elle a probablement agi de telle sorte qu'il a cru possible de pouvoir faire sa cour. C'est donc elle qui est fautive, coupable. Elle veut donc tuer l'impudent et en finir avec la vie ensuite. Elle se jette sur Lothaire, qui retient le geste ; et simule : « Dégageant violemment sa main, que retenait Lothaire, elle tourna contre elle-même le poignard et enfonça la pointe entre l'aisselle et l'épaule gauches, où l'entaille ne pouvait être profonde ; puis elle s'affaissa, comme prise de défaillance » (I.356). Vrai sang pour un faux suicide ; authentique simulation pour une vraie comédie. Camille feint la mort, Lothaire simule l'affliction, Anselme assiste à tout cela caché. Lothaire n'a plus qu'un seul souhait : « retrouver son ami pour célébrer avec lui la vérité la mieux feinte et le mensonge le mieux simulé du monde » (I.357). Léonelle conseille à Camille de ne rien dire à Anselme afin d'éviter de l'obliger à la vengeance. Le mari trompé accourt chez celui qui le cocufie pour l'embrasser avec effusion afin de le remercier d'avoir mis sa femme à l'épreuve et prouvé sa pureté ! L'époux décide de passer sa vie à écrire des vers pour célébrer l'incorruptibilité de sa femme. « Et c'est ainsi qu'Anselme continua d'être le mari le plus joliment trompé du monde : croyant introduire chez lui l'instrument de sa gloire, il ouvrait grand sa porte au responsable de son déshonneur, que Camille recevait, l'air renfrogné mais l'âme joyeuse » (I.359).

Mais cette histoire ne s'arrête pas là. Il s'agit de montrer que la curiosité est un vilain défaut... Léonelle continua d'accueillir des hommes sous le toit de sa maîtresse. Anselme entendit un jour un bruit, voulut savoir d'où il provenait. Il pénètre dans la pièce où l'amant de la servante a juste le temps de s'échapper par la fenêtre. La domestique a beau dire que c'est son amant et qu'il lui a promis le mariage, Anselme ne le croit pas, il la menace de mort avec sa dague, Léonelle prend peur et promet de dire des choses plus importantes le lendemain. Il y consent.

Après avoir rapporté l'aventure à son épouse, Camille comprend que sa servante va tout raconter le lendemain. Elle prend peur, ramasse de l'argent et des bijoux et, pendant le sommeil de son époux, quitte le domicile conjugal pour retrouver Lothaire – qui la cache au couvent et s'enfuit sans avertir personne. À son réveil, Anselme va voir Léonelle : sa chambre est vide, sa femme est partie, il découvre les coffres vides, décide d'aller raconter son malheur à Lothaire qu'il ne trouve pas non plus, et pour cause. Ses domestiques lui apprennent que leur maître a quitté la maison avec son argent. Rentrant chez lui, Anselme découvre que ses domestiques eux aussi ont quitté la maison. Puis il apprend la vérité – il commence une lettre mais succombe avant de l'avoir rédigée : « Il mourut de chagrin, emporté par le vilain défaut de la curiosité » (I.367). Sur la lettre inachevée, on lit qu'il pardonne à Camille : « Elle n'était pas obligée de faire des miracles, et moi, je n'avais pas à lui demander d'en faire » (I.367). On dit à Camille que Lothaire a disparu ; elle veut alors mourir, mais reste dans son couvent où elle

prend le voile, avant de succomber bientôt à la tristesse et à la mélancolie. Lothaire, quant à lui, meurt sur un champ de bataille. Rideau…
Que nous dit Cervantès dans ce texte ? Certes, que la curiosité est un vilain défaut – il n'a pas tort. Qu'une femme qui ne succomberait pas à la tentation accomplirait des miracles et qu'il ne faut ni les attendre ni les demander – il a encore raison. Certes, il faut savoir qu'une femme est souvent fidèle tant qu'on ne lui a pas proposé de trahir, mais il ne faut pas ignorer pour autant que cette loi vaut également pour les hommes. Il ajoute que l'amitié, fût-elle sublime et romaine, grande et belle, tient rarement le coup à l'ombre d'un jupon – vrai encore. Il nous apprend également que connaître la vérité tue et qu'on peut comprendre que les hommes aient inventé mille stratagèmes, *dont la dénégation,* pour ne pas avoir à regarder la vérité en face, car elle est bien souvent cruelle, puisque les hommes le sont toujours. Il nous apprend enfin que le mensonge fait plus souvent la loi que la vérité, mais que la vérité finit toujours par faire la loi. Question de patience…

Table des matières

Dans la collection « Universités populaires et Cie »
aux Éditions Autrement

Onfray Michel, *Rendre la raison populaire*, 2012.

Poulouin Gérard (dir.), *Universités populaires, hier et aujourd'hui*, 2012.

Onfray Michel (dir.), *Le Canari du nazi. Essais sur la monstruosité*, 2013.

Onfray Michel et Clément Jean-Yves, *La Raison des sortilèges. Entretiens sur la musique*, 2013.

Idée Jean-Claude, *Manifeste pour une université populaire du théâtre*, 2013.

Pleux Didier, *Françoise Dolto, la déraison pure*, 2013.

Misrahi Robert, *La joie d'amour*, 2014.

Du même auteur aux Éditions Autrement

Manifeste hédoniste, 2011.

Achevé d'imprimer en janvier 2015 chez Grafica Veneta, Italie,
pour le compte des Éditions Autrement,
17, rue de l'Université, 75007 Paris.
Tél. : 01 44 73 80 00.
N° d'édition : L.69EHAN000976.A006. ISBN : 978-2-7467-3725-9.
ISSN : 2262-600X.
Dépôt légal : avril 2014. Précédent dépôt : mars 2014.